JN438497

香谷 詩選集

愚步慢行

香谷 詩選集

愚步慢行

한. 컷. 공감

새벽
승암산 앞에 서다
숲속의 생명들아, 잘 잤느냐
신(神)은 오늘도 푸른 아침을 주고 갔구나

그대 보이는가
산 앞에 진을 친 구름의 말 없는 시위가
그대 들리는가
저 숲 속 풀잎들의 아우성이

산을 탓하지 마라
산은 오늘도 그 자리에서 내일을 기다릴 뿐이니

글·사진 **한명규**
JTV전주방송 대표이사 사장

시그널 가든(NAB-07) (Signal Garden[NBA-07]), Oil on Papper, 77×77㎝, 2007

그림 김재권

경희대, 건국대, 인천대, 군산대, 전주대 강사 역임

한국미술협회 국제위원, 대한민국 미술대전 심사위원 역임

서문

삼가 옷깃을 여밉니다

두어 잎새 피어난 느티나무 손자목이 천년수를 누리며 하늘을 가린 시조목을 우러러보는 마음처럼 시작은 작고 세월은 더디어도 그 훗날은 융성하기를 바라는 것이 생명을 가진 만유의 본성이나니 세상을 떠받치는 천지인삼재天地人三才의 하나로 유일하게 감성과 통찰력으로 천기를 엿보는 현철한 능력에 만물의 영장임을 자처하는 사람으로서야 일러 무엇하겠습니까.

일찍이 우주자연의 섭리를 경외하고 순응하며 약육강식만 존재하는 무명의 황무지를 공생의 옥토로 일구어내는 촌음불식의 초월적 신념으로 오늘의 문명세계를 창조하여 천지만물의 개체적 존재와 가치를 발현하여 공존의 자리에 세운 업적은 현재를 살아가는 우리 후예들의 홍복입니다. 태초에 하늘이 공활한 영역을 내어 관해한 안목과 도량을 키우는 사색과 사유의 여백을 허락하였고 땅은 만물의 생성과 삶의 지혜와 희망과 행복의 열매를 맺게 하는 자애를 베풀지 않았던가. 이 모두가 천부명덕天賦明德의 기회였음을 깨닫지 못하고 무명 속에 갇혔다가 어리석고 게으른 우보만행牛步漫行의 업보에 짓눌린 혼불의 분출을 느끼고서야 뒤를 돌아보니 오호라! 세월이 오래도 흐른 뒤였어라.

연못가의 봄꿈은 아직도 한창인데
뜰 앞의 오동잎은 어느새 가을인가.

고쳐 살아볼 여지도 없이 훌쩍 가버린 그 많은 시간을 서둘러 간추린 시어들의 생명이나 구하자는 뜻으로 현달하신 강호제현께 단풍 든 속살을 내보이는 계림啓林의 민낯처럼 부끄럽습니다.

그럼에도 불구하고 평소 존경하는 생명사랑 우주의 주인 우국지효의 불심중심에 주석하신 시대의 산승 대종사대 대우 큰스님의 분에 넘치는 격려에합장 감사합니다. 또한 재야 출판계의 거목이자 문학의 산실인 신아출판사의 서정환 회장님의 격려와 배려에 깊이 감사드리며, 아울러 국민의 알권리 보장과 수양 함양에 역량을 다하시는 JTV전주방송 한명규 사장님과 프랑스유학중 박사학위 취득과 더불어 화가의 거목으로 활동중인 김재권 화백의 깊은 관심과 우정에 감사드립니다. 저의 안식처 가정과 가족에 감사하며 몸을 낮추어 삶을 구걸하는 걸인이라 행복합니다. 감사합니다.

2021. 8.

축사

향곡香谷 거사님

한줄기 생명의 빛 맑은 향, 향곡 거사님
삼천대천세계 밝히시는 향곡 거사님
온 우주법계 이전 향기여 향곡 거사님
중생의 죄업 다 태울 맑은 향 향곡 거사님

연꽃이 진흙 속에 나는 것 누가 알리
돌속에 금동이가 있는 것 누가 보리
중생이 부처이시며 부처가 중생인 것을

마음이 부처인 줄 알면
부처가 아닌 사람이 어디 있나
눈 뜨면 부처 감으면 중생
두 개 다 놓으면 봄바람 꽃소식

빈 하늘이라야 해와 달 가득하고
맑은 물 강물마다 허공 달 있는 것을
나를 버리면 내 것 아닌 것 어디 있나
마음의 문을 열면 나 아닌 남이 없네

허공 달 보았으면 손가락 훔칠 건가
강물을 건넜으면 배 잡고 있어서야
병이 다 나았으면 약봉지 버리게나
집에 와 길 물어서 어디다 뭘 하련가

눈 없이 보고 귀 없이 듣고
입 없이 말하는
향곡 당신이 있어 우리의 행복입니다
향곡 당신이 있어 우리의 희망입니다
향곡 거사님 고맙고 감사합니다

신축 4354년 2021년 여름
새벽 별을 세며

내장산 우주원에서 대우罪過

차례

제1부 조우의 향

제2부 망각의 장

제3부 잊힌 얼굴

제4부 생의 길

제5부 그런 날을

第6部 그리움

제1부

조우의 향

공허를 보며

팔월의 마지막 햇살이 쏟아지는
짙푸른 숲속
하얀 얼굴 마주보며
말없이 서 있는 빌딩들
그 이름 삼성서울병원

유리벽에 투영되는 태양이
검푸른 나뭇잎을 뒤척이며
은빛 섬광을 뿌려대는
조화로운 풍경은
자연과 인간이 맞닿은 몸짓

이 평화로운 한 폭의 안섶으로
생사의 교차로에서
처절한 운명을 사색하는
연극 같은 인생
한 도막 삶을 구걸하는 절규

질병이라는 족쇄에
노소도 귀천도
먹줄처럼 엄격한 경계
반항도 수용도
정해진 운명 앞엔 침묵할 뿐

더도 덜도 없는
냉엄한 현실에서
그냥
체념으로 일관된 얼굴들로
목적 없는 평화처럼 포장된 공간

보기 흉한 치장으로 복도를 누비는
무표정한 시선 위로
무심한 가을 하늘이 얹히고
깊은 시름 속에
놓지 못하는 질긴 끈 하나

야윈 얼굴에
깊이 파인 눈동자
부디.
광명 주어져
가던 길 잊지 않게 놓아주련만

어느덧 하루가 지쳐 어둠 내리고
모두 다 고된 몸 눕힌 밤의 터널에서
스스로 버리고 덜어
밝은 날엔
평화롭기를

그대를 위한 시어詩語

일찍이
인생에 있어서의
명암明暗은
스스로 만드는
경계境界라 했던가

무너지는 하늘을
맨손으로 받치고
광명光明을 지켜낸
가상嘉尙한 용기勇氣는
그대만의 진수眞髓였네

나
그대의 선계仙界를 넘나들며,
주소 없는 편지를 띄운 지
어언於焉
반 십 년半拾年

때로는
꽃으로 가슴에 피어나고
때로는
학鶴이 되어 마음을 날던
나의 우주

천년千年으로도 바꿀 수 없는
이 짧은 행복幸福이
삶을 재촉하는
바람이 되어
나를 인식認識케 하였네

다시 태어나도
사랑과 행복幸福의
시어詩語가 되어
그대 창문窓門에
새겨지리니

저 높은 창공蒼空
자유自由로이 날아
행복幸福나라에 닿을 때까지
돌이 되어
바라보고

그대의
명예名譽와
행복幸福이 충만充滿한
경계境界에
시종侍從일지라도

하루

미끄러지듯
숨가쁘게 시간을 가로지르는
차창 밖으로
눈이 시리게
푸르른 언덕에는

노란 원추리가
새
꽃잎을 피워들고
유월의 끝자락을 지켜보고 있네

더위에 지쳐
반만 누운 산허리에는
층층이 나무가
하얀 설원을 이고 서서
작열하는 햇빛을 삼키고 있다.

실바람에도 힘없이 눕는
풀잎들의 등을 밟고 지나는
시간은
기어이 저대로 가고

반쪽 얼굴 마주쳤던
아침 해는
어느새 바랜 얼굴로
서산마루에 앉아
어둠 보따리를 푸는 중이네

한가閑歌

바람이나 좀 불었으면
창문을 제쳐 보니
앳된 단풍잎들만 게을리 매달려
낮잠이 한창이네

머리 맞댄 살구나무
노랗게 살이 오른 구슬을 두르고
멋쩍게 서있는 뜰 앞
나비한량들 바삐 날고

하늘지기인 양 서 있는 성황산 어깨에
띠구름 걸리면
가문 날 적시는 단비 내려
풋보리 마른 수염 적시던 계절

저 건너
지친 여름이 지붕 위에 누워
거친 숨 몰아쉬는 열기에
눈꺼풀은 무거워지고

한줄기 바람이 거니 잊으려던
지난일 떠올리다
오던 잠은 되돌아가고
어쩐지 목이 타네

허심虛心

공명을 멀리하려
비켜선 초막에도
시절은
용케도 거르지 않고
어젯밤엔 하얀 무심이 땅에 내렸네

봄에 꽃내음
여름엔 녹음에 취하며
가을이면 사색에 잠기다 동안에 드는
무애의 비단길에
생의 화두를 찾아 나선 여정

목마른 구함도
애타는 기다림도
먼 훗날 청청할 들림에 두었으니
더는
허공에 새겨둘 다짐인들 무엇하리

덧없는 애증 불살라
형벌 같은 생의 준령에 뿌리고
태초에 열린 하늘을 향하여
자유
그 위대한 천부의 소리 들으며

회상1

그토록 비좁은 하늘에
촘촘히 뿌려놓은 별들이
밤이면
눈부신 등불을 켜들고,
제 맘에 속아 허둥대는
허수아비들의
눈물을 닦는다.

세상이라고 하는
메마른 땅덩어리에 발을 디딘
백년풍객들
제 맘대로 헤매는 미로에서
부딪친 흔적도 없이
잘이나 온 것처럼
거짓으로 저를 묶어 허공에 뿌리며

허리 굽히면 흔히 줍는
사랑이라는 구슬을
어줍잖은 얇은 입술에 감추고
하늘이 내린
존귀한 사품인 양 저를 속이는
천벌은 면해야
길이 보이지 않을까 싶어

회상2

경외로움일지
푸른 융단자락 선명히 드리운 세상
내팽개치듯 구르다 멈추어
부득이
하늘을 머리에 이고 살아가는
생生이란 여정
거친 황야의 미로에서
냉온을 삼키고 고저를 밟으며
빈 가슴 휘젓다 제 맘대로 떠난 사랑도
아련한 상념으로 잊혀져 갈 무렵
웬
마른 꽃잎하나 바람에 쓸려가다
우연히 발길 마주쳐
문득
심장 속 뜨거운 피 기울어
생애 처음
말없는 꽃잎에 입맞춤하며
진한 눈물 쏟아 보았네
얼마 후
증발해 버릴 기억 속에 머무는 동안
세상은
나의 독백을 비켜간 줄도 모르고
홀로 서 있었네

회상回想 성묫길에

소나무처럼 푸르거라
대나무처럼 곧거라
새벽이슬 마다않고
수족 닳게 비시던
내 어머니

아직도
거룩하신 뒷모습
해처럼 완연하게
뼛속에 새겨져
기대어 삽니다.

철따라 꽃이 피듯
솟아나는 그리움
눈물로 채울 수 없으니
차라리
삼키고 마는 긴 날들

하얀 모정
때로는
서리처럼 냉엄하시던
먹줄 같던 기상이
세상에 세우셨습니다.

산산이 부수어
이 육신에 뿌리고 간 당신의 혼신
천추 흐른들
그 자국 지워지리까
하늘처럼 다함 없음이지요

하늘 놀랄세라
태산 기울세라
소리죽여 쏟는 오열
강되어 흘러가도
당신의 마음 한 조각이겠습니까

아~
안타깝고 아픈 인연
쪼개어 나투신 이 육신
돌려드릴 수 없으니
당신이 가시는 길 흙이라도 되리다

하늘 닿는 은혜
고쳐 못하는 숙명
저~ 하늘 끝에 깊이 새겨
먼 훗날 더 먼 훗날 영원토록
눈에 익게 귀에 젖게 되소서

당신은
꽃물 든 언덕에
못다 한 한 눈물 섞어 묻고
산 설고 물 설어도
고향이거니 발길 멈추셨지요

그렇게도 고대하던 형상은
초췌한 모습 되어
당신의 무덤 앞에 바로서지 못하고
눈물 뿌릴 염치없어
떨리는 육신 주체할 길 없답니다.

기다리면 오소서
부르거든 오소서
당신은 아직도 새파란 육신으로
자식 곁을 지키며,
이 목소리 지우지 않으셨지요

흰 조각구름 떠가는
아득한 산머리 너머
당신의 낭낭한 부름소리 들립니다.
애수는
세월을 거스릅니다

호박꽃

서둘지 않았어도
한 아름
가을을 안고
어줍게 웃는 호박꽃

마디마다
노란 비단등을 밝혀놓고
벌 나비에게
한아름씩 삶을 퍼주던 은덕

살아생전
큰 우산을 펼쳐들고
오가는 생명들 비를 가리는
완만한 생의 미덕을 지킨 삶

단 한 번
허리를 곧게 세우지 않은
낮은 자세로
풍성한 생을 나눈 호박꽃

천년송千年松

저
허공에 기대선
등이 휜 노송
세월은 세다 잊고
청청한 푯기 지키며
허기는 이슬로
고독은 바람으로
생은
오롯이
견딤이었네
하늘은 높아 고요하고
땅은 깊어 원만하건만
천년
날들마다
눈비바람 쉼 없어
성근 가지
남루한 가죽
더는 덜릴 것조차 없이
형상 쇠잔해도
금강석 같은 생의 혼으로
천지를 지키네
일월을 지키네
홀로 푸른 천년송

철쭉

그리도 사나웠던
고난의 날들
욕망 하나로 청청히 살아나서
삭막한 세상 곱게 물들인
가상한 응보

때가 되었음인지
곱게 피운 살붙이 남김없이 내려놓고
휑한 눈으로 굽어보는
성근 철쭉의
위대한 비움

백년이면 무엇하리
바람에 구름 가듯
흘려버린 우생
오고감이 도인 것을
허상에 속아 잃어버린 자아

세상에 진리는
허공이 아닌 하늘과 땅에 있으니
저- 성근 철쭉
그 고독한 삶이 남긴 향기여
길은 멀리 있지 않은 것을

천태산 영국사

다투어 솟은 기암들
하얀 햇살에 섞여
하늘에 오르고
깊은 고을마다
대각의 숨결 녹아있네

하늘에 얹어 놓은 듯
속세를 떠난 도량
풍상천년인들
소리 내어 지났을까
그 이름이 영국사이네

반만년 유구한 세월
하얀 무명옷 지킨
학 같은 숨결들
그 생명 지켜내던
호국의 함성 들리는 듯

천태산 장엄한 기상
비보탑이 지키고
천 번의 칼바람
막아낸 충절 혼들
천세의 노목이 지키네

세월은 서둘러 가고
흔적은 희미해도
가슴 파고드는
불 같은 단심을
누구라 못 본 체 지나치랴

흩어진 주춧돌들도
깨어진 기왓장도
밀어를 숨긴 채
영면에 들었으니 발
길 아니면 누구라 알까

축서사鷲棲寺의 밤

구름 넘나들다 지쳐
하늘에 섞이고
산새 잠들어
고요에
짓눌린 산정

하염없는 밤비
세상 두들겨
만상들 숨죽인 초야에
누가
가슴에 창을 꽂아
홀로 고통인가

적요 허문 범종소리
너나가 하나인 듯
가끔은
숨죽인 발 소리에
고뇌 묻어나네

부처의 광명이
어느 하늘 아래 있는지
묻지 말게

천지
아니 비친 곳 없다네

심장 멎도록 간절함
미증의 억겁을
미소로 여는
무량함에 기대면
극락에 듦이리

춘란화春蘭花

늘 푸른 기상
곧게 빼어난 용기
겸손으로 접고
화려함도 사양한
춘란화

기개
하늘에 닿아도
항상
낮은 곳을 향하는 고고함

세상을 품에 안는
네 향기에
날마다 입맞춤하여도
너
그냥
낯선 듯하다

촌음寸陰

한 점 빗방울이
저토록
아름다운 꽃을 피우다니

마디 지어 흘러가는
촌음寸陰이
세상을 새롭게 바꿈이여

바람의 발길이
꽃씨를
머금은 봄을 인양引揚함이여

눈부신 아침
풀잎에 맺힌
영롱玲瓏한 이슬방울

더디다 탓할 일인가
순간瞬間이
모두를 앗아가고 말 걸

칠월의 한가閑歌

잎새마다
은빛보석 눈부신 칠월
속세의 풍진을 쓸어 내는 물소리가
무념의 족쇄를 풀어 헤치며
계절을 가로지른다

꽃시절 빈 자리가
더없이 넓어
녹음의 향기에 세상은 취하고
생명들
생의 찬가에 목이 쉬는 칠월

순녹의 평원
백일홍 꽃무늬 비단에
뫼뿌리 흰구름 일어
선경은 나를 훔치고
나도 나를 훔친 칠월의 한가

탄嘆

헤아리다 지쳤을
그 성상 몇백인가
이름도 형체도 없던 듯 벗어 놓고
유한을 베고 누운
노목의 일생

숨소리 멎었으니
탄식인들 들리랴만
석양을 등진 한량 그대 넋은 만났으나
바람도 산새도
쉴곳없다 떠나 가네

행여나 만나질까
피워냈던 화려함도
엇갈린 운명 탓에 뜨겁게 지고 마는
도솔산 가을해는
내공마지 데우네

삼존불마애불은
억겁을 세련마는
진흥굴 백송 가지 청청함은 언제일까
무상에 기댄 생은
두손을 모을밖에

자각自覺

너는
빛 한줄기
물 한 방울
만들어 쓴 적 있느냐.

부는 바람에 실려 가다
땅에 뿌리내린
유랑이 고향이지만

부모 같은 땅이 있기에
그래도 청운을 말하던
꿈도 있었지

이제 네겐
돌아갈 땅에 불살라
감사할 일 남았을 뿐

자목련

짙어가는 봄
잎새를 위해
요절하는
슬픈 자목련

향기는
하늘에 올리고
고운 빛
바람이 가져간 후

바래고 야윈
한 줌의 육신을
뿌리에 묻는
고요한 적멸

피어남이
짐의 시작인가
필연이란
냉엄한 생애

너를 스쳐온
바람이
가슴에 비수로 꽂히는
만춘의 뜰에서

자아自我

한 아름 웃음을
빌려서라도
가슴에 서린 고뇌 태워버리고
은빛 하늘 걸어서
고향에 닿거라

세상 끝자락에서
일어선 바람이
기어이
쇠눈 걷어내고
검은 가슴을 열지 않았던가.

이제는
네 손으로 뿌린
봄을 싹틔워
너를 보듬을 땅덩어리
무지개로 묶거라

두 팔 벌려
하얀 하늘 가슴에 안고
소리 내어 외치거라
세상에 생겨나
너를 처음 만나노라고

자적自適

풍상에 할퀸 흉상 그대로
나뭇잎 사이로 흘리는
허름한 햇살이 유일한 은덕
더러는
높이 솟은 뫼뿌리를 이탈한
볼품 없는 잡석 하나
머리에 얹고 가는 귀한 길손

이 생에 태어나
세상번뇌 다 짊어져 허리 굽은 노구들
머루넝쿨처럼 매달린 인연들
살다 지치면 흘리는
식어빠진 눈물 닦아 달라 애원하며
거친 두 손 모으니
불시에 입는 거룩한 성은

풍상 사납고
세월 무심해도
생은 그런 거지 내려놓은 번뇌
일월성이 입히고 간 시공의 무게에
삶도 죽음도 오갈 일 없으니
한량없는 덕업 더는 무엇하리
오늘은 흰 눈에 덮이겠지

자책自責

누가 널더러
숨찬 언덕길
오르라 했더냐
욕망이
네
가슴 한쪽을
헐어버린 탓일 게다

누가 널더러
가시밭길
가라 했더냐
무지가
네
발자욱마다
선혈 뿌려놓은 게다

누가 널더러
뜨거운 눈물
보이라 했더냐
그 운명
네 스스로 만든
망상의 열매이러니

자화상自畵像

너만을
바라보며
길 잃은 철새처럼
세월의 미로를 소요함이
어찌
허물이 아니겠냐만

때로는
시상에 학이 되어 날고
때로는
사색의 창에 매화로 피어나
너를 피해갈 수 없는
운명에 정지당한 채

더는
바꿀 수 없는
한생의 시공에서
봄이 아닌 날 없게
널 위해 기도하는
야윈 자화상을 남김이여

작별

그날은
장대 같은 장맛비가
잎새들을
사납게 뒤지고 있었지

엊그제 같은데
살같이 흘러가 버린 반 십 년
아직도
서로가 낯선 채로 바라만 보는

서툰 사랑의 밀어들이
빗물에 씻겨가는
쓰디쓴 순간을 나누던 작별

이름 모를 산새 한 마리
무거운 날갯짓으로
안개구름을 헤치던 그날

장미

장미꽃이
지고 있습니다.
혼을 거둬간 유월의 햇살
가시에 걸어 두고

가슴을 지나
마음속으로
지고 있습니다.

고향 냄새 정겨운 돌담길
여왕은 다 버리고
훌쩍 떠나갑니다

메마른 가슴으로
텅빈 하늘에 섞여 버리는
차가운 이별
눈물 지을 겨를도 없이

장부

강은
도도히 흘러도
소리 남기지 않는 것은
의도한 바 없기 때문인 것처럼
바람이 자취 남기지 않는 것
또한
그러함일 터

갈잎 스치는
소리
꽃향내음에 홍취 되는
몸짓
그를 두고
고매하다 이름이랴
범부이려니

자못
뜻이 큰이여
그대는 산이러세

정념

바람이 지나간 곳에
시선을 멈추고
어느 순간까지 침묵이 흐르고
한동안
치열한 논쟁이 있은 후에야
건져낸 진실

볼 수 없음으로
선명하고
닿을 수 없음으로
더 가까움에서

나는 이미
너를 향한 마음의 노예가 되어
스스로 포박된 사실을 알며
더는
시간을 줄여 밟을 이유를
소각해 버리게 되었지

정읍井邑

나는 이렇게 적었네
천상의 신령이
세상 보따리를 지던 초행길에
이땅에 내려 쉬시다

자릿세 대신 빌고 간 서원이
광음의 길이 고루 나툰 계절이 되어
춘하추동 아니 고운 날 없으니
송죽만 짊는 신선들 탄시어 넘치고

청풍명월 그 기상 대 이어 청청하니
그 뜻 아니 곧고 아니 높으리
충절의 향기 천추에 넘치는
명승 정읍 영원하리.

진도珍島

격랑의 모진 애환 홀로 삼키며
인고의 질긴 세월 지켜낸 보배로운 땅
무심의 구름 걷어내면
맨살 같은
역사의 숨소리 들리는 것을

명량대첩 승전비에
충무공 충절 높고
삼별초 옛 성터에 방초 푸르러도
충혼비 머리 위로
하늘은 높았어라

굽이치는 고을마다
소치소전 향기 서려
진선미 고고함에 디딤도 삼갔도다
가신 님 애절하여
매화녹련 부성넌가

짧은 일생 영원한 조국에
가슴을 파고드는 격조 높은 기상이여
삼가 옷깃 여미나니
오가는 벗들이여
누가 이 땅에 입맞춤 아니하랴

징검다리 위에 서서(갑오년 아침)

문득
또 하나의 징검다리 돌 위에 선다
정돈되지 않은
미완의 사색에 쫓겨 건너는 강

물위에 비친
초췌한 초상에서
당장이라도 쏟아져 내릴 것 같은
논죄의 틈새에도

오지도 않을
생겨나지도 않을 것들을 희구하며
덧씌워진 운명인 양
병을 만들어 앓으며 비틀거리는

더는
허세의 가면을 쓰고
가파른 욕망의 언덕을 오르는
실소는 면해야

하늘 높고
태양 눈부신
자유로운 세상 맞아
바람처럼만

조우遭遇의 향香

매화 가지에 새 달이 돋아오니
달에게 묻는 말
매화의 홍을 네 아느냐
차라리
내가 네 몸 되면 가지마다 돋으리라

누가 원하지 않았지만 눈속에 피어난 매화 가지에 새로 떠오른 달이 얽혀 빚어낸 비경이 선비의 고결한 관념의 내면 세계를 들추어 쏟아낸 신선한 시어 시인의 눈에 비친 달과 매화의 만남은 현세를 초월한 선경으로 신비를 경험케 한 자연의 조화 계절을 거슬러 자기 본성대로 피어난 매화의 지조와 화려하지만 화려하지 않은 대범함과 겸손함은 선비의 산 같은 기개를 움직여 시들까 근심할 뿐 취함을 부정했으리라 나 또한 그와 같으리니 세상 저변에 생겨나 참나를 찾으려고 몸부림하는 너를 내 안에 피어난 매화라 여기며 내 작은 전부를 너에게서 찾고자 하노니 그 고매한 천성 시듦이 없기를 소원하네

진달래

가냘픈 가지
장설에 묻었다가
꺾이지 않는 용기로
기어이
연분홍 가슴
열고 말았구나.

울음보다 더 슬픈
고독
참아낸 세월들
언제나
연분홍 얼굴로 봄
을 여는 천사여

진객珍客

험준한 절벽
실뿌리에 생을 건 늙은 철쭉은
숨줄 조이는 눈비 견디며
계절 거를세라
진분홍 혼불 내걸었네

십일홍
살같이 스쳐가는 짧은 영화련만
숙명이거니 건너는 고해
눈길 마주할 이
햇살 말고 뉘 있던가

연약한 생명줄 타고
숨어 흐르는 혼줄기에
화려한 꿈도 있었으련만
하늘 하란 대로 숨어 사는
불사의 독백

형벌로 돌아온
자학의 악몽 속에
불태울 형상밖에 가진 게 없는
빈자의 심금 울린
네가 나의 진객일 줄이야

집착執着

저
거친 들 가로지른 강
흰눈에 덮여
속으로만 흐르고

바람 가듯 지난
망상의 소요는
빗물로 내려
땅에 스며 버렸네.

구름에 걸었던 한 점 꿈
촌음에 빼앗기고도
네게 묻지 않는
우매함이여

헐벗은 상념에
휘감긴 대로
멀리도 왔다 하기에는
아직도 미로인 걸.

그것은 분명
손끝을 떠나지 못하는
생이라는
집착이 남았음이니

제2부

망각의 장

석별 (후광이 떠나던 날)

당신은
하늘의 소리를 압니다.
그래서
하늘은 당신에게
죽음에 이르는 고통을 주고
좌절에서 회생하는
인동초를 보여주었습니다.
그것이
하늘이 당신을 쓴 조건이었습니다.
사람들은
그걸 알기에
당신 팔에 매달려서
족쇄를 풀어 주라고
잘린 허리를 이어주라 하고
당신은
귀를 열고
눈을 높이 떠서
그러리라는 믿음 때문에
하늘의 부름에 가시는 길
옷깃을 여미고
금관을 씌우며
뜨거운 눈물을 보내는 것입니다.

당신은 영면해도
남은 이들은
당신의 발자욱을 봅니다.

석탄사釋誕寺

저 낙산에 걸린
천년세월
애절한 간장 몇이나 녹였을꼬
인고의 두께 땅 같으리니
바람 말고 뉘 알까

세상에 나
물같이 살으려니
단장의 한 몇 길은 사렸겠지
허리 굽어 오르던 길
멀기도 하였세라

풍상 사나워도
지친 몸 뉘지 않은 저 부도는
아직도 고행인가
대웅전 처마 끝에 저녁별 걸리니
두견의 절규 애처로워라

거룩하신 묵상 앞에
오체 부수어
무량한 기도 하늘 닿을 제
가슴에
뜨거운 강 지나네

서당골 한가閑歌

하늘 닮은 호수에
발을 담고 서서
물에 빠뜨린 제 얼굴
바라보는 물봉선화 어깨 위에
가을을 등에 진
빨간잠자리
고된 날개 쉬어 갈 적

칡향기 짙게 두른
수풀 사이로
다람쥐 한 마리
숨죽여 지나고
저 건너
적송숲엔
식어버린 여름이 걸려있네

짙푸른 장막 위로
파랗게 고인 하늘
이름 모를 산새 한 쌍
씨줄을 그을 무렵
한자락
청풍
귓전 스치던 서당골

선사의 혼

키다리 방초가 불러온
비에 젖은 바람이
백 년이나 기다리다
이제 막 꽃문을 닫으려는
닭이개비 마지막 꽃잎을 돌아본다.

봄이 열리면
하늘보다 더 짙은 하늘색으로
마음속에 썩은 흙내음이며
눈 속에 종횡으로 뒤엉킨 헛것들을
거울처럼 닦아내던 신비

폐허가 된 탯자리
흔적만 남은 길가에는
새까만 세월의 땟조각을 입고 엎드린
깨어진 기왓장 틈새에
하늘색 눈동자 하나

낮아서 높고
숨어서 확연한 고결함이여
새파랗게 새파랗게
닫혀진 인식을 여는
비에 젖은 너는 선사인가

세상 소리 2

붓 끝이 떨린다
하늘 닿은 원성에 강이 멈추고
허수아비들이 눈을 뜬다
쇠 방울 소리에 각막이 멈춘다

불구경에 익숙한 붕당패들은
새김없는 함성에 춤추며
가면놀이에 밤을 잊고
길인지 가시밭인지 허둥대는 세태

이성의 눈을 떠라 탁
류의 둑을 허무는 절규의 강줄기
해일처럼 질주하는
용기를 보라

붓 끝이 떨린다
먹물이 마른다
소음 속에 숨은 한줄기 묵도들
먹물 따라 쉼 없으리라

세상

세상은
속아 사는 것이라며
깊은 한숨으로 원망하고
나이 좀 들면
한 많은 일생
몇 권의 책으로도 모자란다
한탄들 하네
그런데도 내겐
단 몇 장의 원고지도 채울
자료도 없으니
심히 부끄러운 일이 아닌가
유유자적悠悠自適 탓인가
우매愚昧한 탓인가
나는 그냥
하늘이 높고 땅이 넓어
두 팔 벌려 휘저어도 거침이 없고
마음껏 마실 공기 넘치고
한 홉이면 차고 한 평이면 눕고
위로는 하늘 아래엔 땅 있으니
넘어져도 짚고 일어설 수 있잖은가
원한바 없어도 오고
싫어도 가야 할 인생

돌아갈 걱정은 하늘에 맡기고
비우며 줄이며
아닌 듯이 살면 되는 줄만 아네

소설 일기小雪日記

나 어릴 적
펄펄 날리는 눈발에
언 손 입김으로 녹이면서
곳간이며 장독대며 나무청까지
눈잣대질 바쁘시던 내 아버지
외양간 왕눈이 들창코로 흰구름 뿜어내고
처자식 거느린 붉은 수탉은
연신 외다리 곡예를 연출하던 정경
허기진 참새 떼가 암반 덫에 속아
압사 당하던 아련한 추억 속에
내 어머니 가슴 냄새 지금인 양 선하다
활동사진처럼 지나간 세월
오늘은 눈의 계절
입동 북풍을 등진 언덕배기에는 아직도
코스모스며 구절초가
양지바른 돌담엔 개나리 철쭉이
계절을 거슬러 눈길을 유혹한다
정작 계절의 주인 들국화며 장미는
검게 그을린 얼굴로 무상을 탄하는
부질없는 세월의 강에 실린 만상들의 명암
격세지감을 느끼는 세월의 모서리에서
나도 모르게 손에 들린 철쭉 한송이

누구에게 바칠 건지 장고 끝에
불현듯
달처럼 하얀 어머니 얼굴이……

세상사

우리들은
봄이니 여름이니
나눕니다
저대로 흘러가는
세월을
쪼갠다고 쪼개집니까

달 가고
해 가도
산은 그냥 푸르고
하늘은 그냥 높고
강물은 그냥 흘러가지만

우리가
스스로 어리석어
꿈속을 살아갈 뿐입니다
세상은 그대로인데
우리들만 서둘지요

우리는 이제
모두다 세상에 맡깁시다
만나면 만나는 대로
인연 만들면
누가 압니까 등을 기댈지

소현素賢에게

사람들은
우리의 삶을
하루살이에 비유합니다.
아침이면
수평으로 뉘었던 몸 일으켜
수직으로 바삐 움직임을
반복하기 때문이지요.
하루에 한 번씩
새로운 각오로
이십사 시의 여백을 설계하고
창조적 영감으로 채우려는
진지한 삶
시간은
소유한 사람이
참되게 쓰지 않으면
흘러간 물과 같다 합니다.
오히려
채워야 할 것이
날짜보다 많은 욕심 접고
텅 빈 여백을
낯선 서정으로 채워볼 날
언제로 할 수 있을지 묻습니다.

순백純白

우리는
서로 닮은 얼굴로
어깨 부딪치며 살건만
사랑도
위안도
가슴까지도 싸늘히 식은
어지러운 세상
엉키던 조화는 증발하고
흑백으로 마주보네.

시야를 높이고
언 가슴에 불을 지피거라
태초에 너와 나는
오고감도 같아서
원망도
증오도
그건 본래 없는 것
어젯밤 몰래 내린 눈이 만든
순백세상을 말하자

순천만 정원 박람회(2013. 5. 27.)

낮게 드리워진 하늘
운해를 박차고 치솟은 뫼뿌리들이
검은 갑옷을 떨쳐입고
하늘을 격파할 듯 당당한 위풍에
오월이 제풀에 저문다

산천을 물들인 꽃구름 걷히고
진록 물결 넘치는
계절은
신선의 조화에
경이로운 선경으로 충만한 자연

오- 순천만
뒤엉킨 갈대 뿌리를 제치고
낯선 세계의 문물이
같은 물길에 발을 담근 역사에서
어느 기인의 자취 안연하게 다가서네

소원했던 벗과 조우한
금 같은 시간
이국의 화심이 뿌린 향기에
눈부신 햇살 드리워
침묵이 녹아내리던 날

시인詩人은 문득

천년
헤아리기조차 벅찬
풍상의 날들을
쉼 없이 피고 지던 일념
불려가듯
훌쩍 가버린
느티나무

시인은 문득
혼을 잃고 쓰러 누운 노구의
매몰찬 생의 끝에서
욕망의 날개가
하늘에 닿아도
유한은 넘을 수 없어
접는 것을 보았네

빛과 그림자 너그럽고
비바람 자애로워도
하늘과 땅
섭리의 경계 서리 같아서
명리도
위대함도
시공 안의 꿈결이었네

바다

기울여도 덜리지 않는
영원한 충만
바다는 생명의 어머니

억측 아니면 헤아릴 수 없는
깊은 모성은
불변의 섭리

침묵으로 호흡하며
해, 달, 별
가슴에 품는 위대한 포용

바다는
영원한 고향
영원한 희망

바다 3

사나운 질풍에 밀려
숨가쁘게 달려온 파도가
십리명사에 누운
사색의 발자국을 보듬고

생의 두려움을 바다에 묻는
절박한 기도처럼
하얀 포말에 실린
한가닥 위안 같은 느낌에

아직도 잉태되지 않은
해당화 깊은 향을
바다에 뿌려보는
간절한 목마름이어라

연분홍 봄빛이
바다를 물들여도
표식 없는 경계에 접어
한 도막 기억으로 두며

아무리 풍파 사나워도
묵상에 머문 뜻
바다는 오직
수평이 서원일 뿐

발자국

파도
밤새 서성거리다 지쳐 눕고
아무도 찾지 않는
바닷가 모래 위에

누군가
남기고 간 발자국 하나

무슨 사연 있길래
쓸쓸한 모래 위를 혼자 걸었을까

해당화
홀로
황홀한 날개 휘날리던
하얀 날에

불타는 낙조 처럼
가슴 뜨겁게 기다렸을
그날
뒤에 두고,

지금은 어디쯤 가고 있을까

방장산 일화

저~ 푸르름을
힘겹게 저 나르는 칠월의 등짝을
짜디짜게 적신 태양이
깊은 산
이끼 낀 냇물에 빠져 버렸다

목타던 산새 한쌍
달려왔다가
눈부신 햇빛에 놀라 날아가자
겁 많은 장끼 내외의
둔한 날갯짓이 정적을 깬다

녹음을 빗질하는 바람이
풀섶을 헤칠 때마다
풋내음 싱그럽더니
키 작은 도토리 나무 옆에
무덤을 지키던 도라지가 꽃을 피웠네

햇살에 익어가는 칠월
산딸기 붉은 보석이
새콤한 향기 전하는 고향 같은 산골
주어진 시간과 공간
다툼 없이 채워가는 자연

백일홍

인적 떠나고
허물어진 옛터
빨간
등불을 켜든
백일홍은

대지 녹이는
팔월의 햇살을 인 채
폐허의 상처
어루만지듯
말 없이 서 있네

저 건너
팔을 벌린 산자락에
말문을 닫고
흙에 섞인 혼들이야
이만한 벗 있으랴

너는
덧없는 세월에 한 맺힌
혼백의 결에서
우아한 청춘 불사르는
자비의 촛불인 듯

백야白也

한 치의 땅
일각의 사유에도
공경과 삼가함에 소홀하지 않네
이목을 하늘에 둠은
만상을
소통과 교류로 하나 되게 함이요
맑고 현덕한 길을 묻고자 함이니
오직 어진 것에 그칠 뿐

하많은 인연 중에
이 땅에 뿌려져
가죽이 등에 붙고 힘줄 수고로움은
지쳐 누운 백성과 땅에 엎드린 초목
어루만지라는 명일 터
하늘을 아득히 멀리 있다 하는가
위아래 오르내리며
두루 살피네

봄

네가
우주를 한 바퀴 돌아
매화를 피울 때까지
너를 내 눈에 담고 살았다

이제
매화는 나비 되어 날고
목련은 학이 되어 날면
너는 다시 우주를 유행하겠지만

나는
네 아득한 여정에
만날 인연 알 수 없으니
산이 되어 기다릴 수밖에

봄꽃의 애수

사색을 멈춰 세운 얼음 빗장
지순한 매화향에
몸서리치다 비켜 선 그 후

눈이 부시게
화려한 봄꽃들 다투어 피더니
어디선가
성급한 세월 밀려와
파릇한 잎새로 물든 산야에 묻혀

지순도 화려함도
꿈결같은 영화인 듯
핏기 바랜 혼백으로 땅에 섞이네

영혼은 환희에 불타 흩어지고
지순과 정념은
궁색한 찬사에 흐릿한 소리로 남아
설레던 가슴에
깊은 상처 두고 간 봄꽃들의 혼이여

다함 없는
윤회의 어느 한 모퉁이에서
시선이 마주하는 날 다시 오려나

봄의 비밀

북으로 가던 봄이
산수유 가지에 쉬다가
귀엣말을 전했는지
눈을 부빈 움들이 화들짝 놀라
샛노란 속살을 보이고 말았네
수줍어
감추려 하지만
벌들은 미리 알고 속옷섶을 더듬는다
순한 바람 맞으며
맑은 이슬 머금는
파란 잎새들
여린 씨방 품에 안고
긴 여름 타는 빛에 스스로 사르더니
때가 되어 돌아오는 계절
빨~간
진주를 하늘에 바치는
봄의 비밀
아마도
하늘이 있고
땅이 있어
마주봄이 아닐는지
속 깊은 봄의 소리에서….

봄은 가도 1

햇빛도 비켜가는
바위 그늘
이름도 숨기고 즐겨 피운
작은 풀꽃

깊히 파인 주름 길
달팽이처럼 더듬어 온
형벌 같은 생을
우주처럼 거룩하다 하자

닮아볼 색깔조차 꿈 같은
고독한 귀족
허허로운 창공에 흰구름이듯
하얀 미소

더러는
흘러가는 바람에 스치우는 몸짓
조용히 새어나는 살냄새가
아프게 젖어 오네

아~
우주를 수 놓은 봄의 만찬이
말없이 장막을 거둔 자리도
한알의 씨앗은 땅에 남고

봄은 가도 2

눈물 적신 이별은 아니었지만
맑은 웃음 두고 간
앳된 꽃잎들
몇방울의 빗물로 지우기에는
사려둔 정이 깊은 만남

바람결에 던져진
외로운 흔적들은
허공에 떠가는 구름처럼
욕망의 잔가지를 놓아버린
아름다운 비움

물소리
바람 소리
솔향기 전해오는 뜨락에
하얀 매화 대신 피어난
한 송이 백합은

봄은 가도
호수에 뜬 달처럼 떨리지 않는
내 마음에 핀 꽃
그 향기 하늘에 닿을 때까지
돌이 될 테니

봄은 가도 3

조급하게 기울어진
절벽 사이
아스라이 기대선 허리굽은 노송
하늘의 부름 소리 다급해도
놓을 수 없는 질긴 생

디딜 땅이 있기에
허락된 고행일지라도
하늘이 비워둔 허공을 향해
더 높이 솟구치는
청청한 기상

흐느껴 내리는 꽃비에 실려
흘러가는 기억들
아스라이 멀어져도
땅을 딛고 하늘을 받치는
푸르른 이상

빗소리 바람 소리
그침 없는 세월
오가는 봄도 피고 지는 꽃도
한 줌의 흙으로 천년을 사는
저~ 늙은 소나무랴

부생生

강한
햇빛이 내리쪼이면
그렇게 젖어 살고
어둠이 찾아오면
그림자도 없이
텅 빈 충만으로
그렇게 살아가고

그냥
흐르는 공기 속에 맡겨져
궁핍을 핥고 사는
내게는
문패도
번지수도
허무한 망상이었네

다만
청정한 바람 스쳐갈 때면
내가 잠시 머무는
이 땅이
소중하여
입맞춤하며
눈물도 뿌렸으련만

부초浮草

높이 올라 세상을 바라보네
한없이 텅 비어 충만한 하늘과 땅
잔설을 거두어 서둘러 떠난 겨울 자리에
넉넉한 가슴으로 돌아온 봄기운이
날로 푸르러 눈부시고
저마다 외쳐대는 생명들
체취 향기롭네
천기를 거스르듯 매화 먼저 세상을 열면
백화 다투어 만발하는 신비로운 조화
아침이면 대지 불태우다
때가 되면 바다에 순절하는 태양이며
닳아서 없어질 것이 전제된 돌탑이
묵언으로 세월을 세는 인고에서랴
욕망에 사로잡혀 촌음을 재질하는
나는 무엇인가
우주를 어루만지는 바람에 실려
홀씨로 던져진 나는 또 누구인가
영혼의 진동이 없으면
만남이 아니라 마주침이라 하였고
군자는
하루아침을 근심하지 않는다 하였으니
허세에 곁눈질 멈추지 못하는
나는 아직도 땅을 디디지 못한 부초인가

비련悲戀

이 밤이 삼켜버린
비련의 한 해
텅 빈 가슴 남기고
아주 떠난 줄 알았는데

감아버린 눈 속에
선명히 남는 너
아마도 나는
너를 보낼 수 없었나 보다

누가 그러하라고
한바 없지만
너에게 준 진심이
살아야 할 이유가 되고

이제는 건너버린
강이 되었으니
세상 정지되도록
가슴에 묻어 버릴밖에

붕崩 (바보 노무현이 가던 날)

산 하나
성급히 무너지니
강야는 먹구름 덮여
세상이 혼돈에 드네.

세상에
선악이 공존하는 법
윤회에 실린
무상이 오고갈 뿐

그러나
한산의 자취 대신
하늘이 넓게 트임은
가슴을 열라는 뜻

오듯이
감도 다를 바 아니거늘
누구라
영원한 주인이랴

수원은
한때의 허물인 것
서로 팔을 넓게 펴면
두 등이 따스할 터

비몽悲夢

홀연히
디딘 땅을 굽어본다
하많은 연緣이련만
무영無影의 종자로 심어져
공空을 맴돌다 저버리다니

아니 옴만 못한들 어쩌랴
불현듯
세월은 바쁜 걸음으로 멀어지며
이지러지는 형체를 인식한 듯
그냥 두고 간 걸

비어 가득한 창공에
유성처럼 흘러갈 혼불
공전空轉에 길들여진 퇴로를 따라
엎질러지듯 기우는 비명으로
빌자욱을 지우고

맑은 하늘은
고매한 새김을 위하여 넓건만
들림은
풍진을 나르는 강 따라
아득히 멀어지네

빈산에 핀 꽃

빈산에
봄비 내려
저마다 꽃 피웠어도
눈길 멈추어
보는 이 없으니
물그림자로
제 모습 비추네

사람들
바람같이 지났을
실줄 같은 길
나 또한 무심코 걷지만
더딘 걸음
나무라지 않으리

빛을 아끼려
그늘에 피었을까
주어진 대로 살아가는
네 모습만
아득한
하늘 사이에 가득하구나

마른 풀잎 흔들리던 길

고향인 듯
흙내음 정겹던 황토언덕
불 켜진 창문으로
낯익은 부름 소리 들릴 듯
가슴 저린 향수에 젖어
마른 풀잎 흔들리던 밤길은
내겐 행복을 줍는 일상이었네
깊어가는 밤
대뜰에 놓인 하얀 고무신 한 쌍
길 바쁜 달 걸음 멈추던 가슴 시린 정경
어느새
물 같은 세월이 짝 하나 데려 가고
뜨락에 조는 전등불이
얼룩진 눈물 자국을 닦는다
둘도 많던지
야속한 숙명이 갈라놓은 고독
나에게도
그 반쪽의 슬픔이
마른 풀잎 흔들리던 길 못 잊게 하네
오늘 밤도
불 켜진 창문 틈으로
젖은 숨소리 들리는 듯
저 달은 지켜보겠지

말석의 변 1 (한담)

막 달인 찻잔에
흰구름 일자
잠룡들 줄지어 하늘에 오르고
증발하는 차향에
취해 버린 논객

해를 삼켜버린 산그늘이
검게 드리우자
박꽃처럼 피어난
여인의 얼굴에
연한 무지개가 피어나고

하늘에 촘촘히 박힌 별들이
남김 없이 쏟아져
세상은 온통 보석 무늬뿐
구하고 취할 일 없으니
흔적 없는 경계들 허문들 어떠리

새파란 꿈들 떠나 보내고
남겨진 상처 펴 나르다
주름진 이상
아직도 한 점의 불씨로
가슴에 남아

말석의 변 2 (세태)

보이고
들리고
소음으로 격하된 세상 소리

진리도
진실도
하나련만
논조는 부지기수

모르는 건지
모른 체하는 건지
하늘이 거두어 가 버린 건지

차라리
흰 것은 종이고
검은 건 글씨라 하고
귓전을 스치는 바람 소리라 하자

말석의 변 3 (탐욕)

머리는
칠월 밤송이만코
배는
빈 방죽 같은 설익은 서생들이
기근을 못 이겨

구김 없는 하늘
숨김없는 땅
일월이 있어 명경 같건만
천방지축 헤매다
수렁에 빠지고

위로는 두렵고
아래로는 자애로운
원초의 이성을 팽개치고
싹을 자르고 뿌리를 파헤치는
무치

날이 가면 오겠지
해가 가면 오겠지
기어이 오고 말 그날은
초라한 논객이 기
다리다 떠난 뒤면 어떠리.

말석의 변 4 (진리)

인과부정론은
죄악도 과보란 없는 것
참회도 보시도
행위일 뿐
제행이 허무라 하고

유물론은
인간은 물질의 성체니
사후는 요소별로 회귀하고
선업도 내세도
망상이라 하였네

허리 굽은 노구에
지팡이가 없고
죽음의 공포에
내세가 없다면
인간이 금수와 무엇이 다를까

일찍이
영장의 천성을 지고나
우주를 규명하고
선악을 구분하며
진리를 추구하였으니

망각의 장 1

지난겨울엔
눈이 많이 내렸지요
그럼요
나는 지금도
나무 가지마다
목화 구름처럼 쌓인 눈이
눈에 선한 걸요
요즘 세상도
지난겨울 눈밭처럼
그렇게
평화스러우면 얼마나 좋을까
그러니 말예요
아니
그런데
그렇게 많고 뽀얗던 눈이
다 어디 갔죠
글쎄요
나도 모르겠네요
두고 볼 수밖에요
이
끓는 여름 지나면
겨울 오고
또
눈도 내리겠지요 뭐

망각의 장 2

나
세상에 생겨나서
금년처럼
추운 여름은
처음 봤네
뭐라고
자네 나이 좀 들더니
망녕인가?
왜
내 말이 틀렸어
말만 여름이지
이렇게 추운데
씨앗인들 싹이 나겠나
심어논 곡식인들 영글겠나
아니
이 사람아
나는 이렇게 진땀이 나는데
자네는 춥다고 하고
누구 말이 옳은지 원……
이러면 어떨까
옳다 긇다 말고
금년 한 해
없던 걸로 빼지 뭐……

제3부

잊힌 얼굴

소요사

눈부신 황금들녘
변산반도 서해바다
낯익은 풍경인데
소요산 허리에도
가을이 감겨 있네

발길을 거부한 지
천년의 묵언기도
허리 굽은 노목들
지친 듯 기대있고
물소리만 쫄랑대네

뉘라서
그리도 애절했나
더듬어 오르는 길
숨이 차 그친 듯이
소요사 찾아왔네

하늘을 밟고 선 듯
치솟은 산정에도
발원의 목탁 소리
향연에 섞여
사해에 나뉘우네

아- 금산사

모악의 푸른 모성
살내음 은은하고
대 이은 노목들은
꽃비 내려 반기네

개산사 천사백년
무량청정 불국토
물소리 바람 소리
고금에 여여하고

일월이 쉼 없듯이
부처 광명 가없어
대자대비 가피력
처처에 넘쳐나니

돌같이 굳은 마음
신심으로 녹이고
허공처럼 비우니
내 모습이 보이네

— 2015 금산사 축제 주제가로

아 보은사寶恩寺

한가로이 피어오른
흰 구름
고이 디뎌 만상의 번뇌 씻어 내린
연화산 보은사
바람도 잠재운 도량의 품속
칠석 햇살이 녹여 내린
푸름 사이

비련의 넋들
화사한 춤사위로 한 더는
흐느낌 속에
희디흰 순결
한 오라기 전율로 출렁이다
무지개로
피어나네

자비하신 부처님
미간을 오가는 하얀 얼굴
이 가슴에 돌탑을 쌓는
안타까운 동반
연
오는 길 놓칠세라
눈에 담던 보은사

아내에게

얘들아
쇠스랑 가져오너라 최씨네 방 파버리자
원망 섞인 나무람 귀에 담으며
맨 된장 상추 찍어 마른 창자 채우던
그 역경 귀히 새기며

젊어선 얼굴 보며 살고
나이 들어 자식 보고 살며
눈물 반 땀물 반 고난 인생
하늘이 알고 땅이 알면
위안은 되려는지

풍각쟁이 등 기대다 청춘은 잃었어도
산 같은 세 자식들 부모 되어 있잖은가
설움값 눈물값 따로 둘 일 아니어든
질긴 인연 금이라 여기면서
마주보며 삽시다

아- 원적암圓寂庵 1

서래봉 기암 사이를
가을이 서성거린다
거센 태풍도
윤회의 바퀴에 밟히고
계절은 정해진 길로 오는가

고운 햇살
불상머리에 오롯이 내려
반소 더욱 밝고
가람은 황금빛에 눈부시어
온누리가 자비의 바다일세

대뜰에 하얀 고무신
새어나온 금빛이 불연지 되어
지나던 나비 하나 망설이다 떠나고
뜰 아래 가을꽃 그늘에는
어디선가 쇠잔한 매미 소리
가파른 돌계단을 밟으려 하니
어느새 산그늘이 앞서는
아- 원적암

아- 원적암 2

차디찬 하늘을 이고선
서래봉 기암들
석양의 산그늘 허리에 맨 채
세상 둥지듯 엎드린
허기진 산사를 굽어본다

지난밤 된서리에 가을꽃도 시들고
다람쥐 한 쌍 빈손으로 지난다
비자숲을 누비던 소슬바람이
하나 남은 잎새마저 가져가고
멧새 가족이 잃인 양 조운다

아직은
햇빛 나투어 산사를 보듬어도
이마저 거두어 갈 시간 머잖아
고독한 노승의 뒷모습에
고행의 허전함이 묻어난다

억겁을 지켜볼 여래품이
영화보다 소중하여
반신을 끌고 해탈 문 앞에 서 있는
위대한 포기의 빈궁함에
실없는 조바심이랴

아산병원

한파의 잔영이
꽃소식에 쫓기고
유난히도 맑은 하늘이
맨살로 두승산을 감싸 안는다
뒤처진 바람자락도
서둘 일 아니던지
선잠 깬 정원을 서성거리며
가다 서다를 반복한다
실없이 던지는 시선 끝으로
밝은 햇살을 두른 아산병원
생사의 시험에 든 군상들을
살붙이처럼 안고
고된 날들을 삼키는 고행의 터
무한한 자연이
유한한 생명들을 품에 안고
철따라 냉온으로 담금질하지만
철없는 생명들 자만에 취해
섭리를 거스르는 허영 넘치네
목련의 하얀 솜털이
날이 다르게 성숙해가는 뜨락
오면 가고
가면 또 오는 순리 선명하거늘
생인들 다르랴

안개꽃

책장처럼 쌓인 긴 밤들
눈 감으면
환상 속을 헤매던 그리움이
나뭇가지마다
하얀 안개꽃으로 피었네

멀리서 지켜보며
내 곁을 떠날 수 없던 네 진심이
안개 낀 밤길을 돌아
필연처럼 다가선
현실을 믿으며

내 맘속에 학이 되어 나는 너를 위해
생의 전부를 불사를지라도
꽃무릇처럼 영원히
유리된 길을
걷지 않으리란 다짐이 있기에

오늘 네
혼의 전령을 만나고

애기민들레

어젯밤
장미가시더미를 헤쳐 온
심술궂은 마파람에
성글어진 애기민들레

샛노란 자존에 목숨 건
강인한 모성처럼
장다리 망초숲을 헤친
쓰디쓴 생의 여정

세상의 눈길들 비켜가는
비정한 장막 속에서
태양보다 눈부신
노란 화관 세상에 바치는 천사

생은 모질어도
피워낸 역사 세상에 무늬되라
여린 홀씨 바람에 날려
아픈 가슴들 달래는
가련한 생 애기민들레

어떤 여백餘白

투박한 듯 섬세한 여인의 손끝에
설익은
장부의 지조를 도둑맞았다면
거짓 놀라는 졸부들의 가슴엔
산불이 번지겠지

덜컹대는 소달구지에 자랑스레 실려
비탈길을 가면서도
머리만 곧추세운 가소로운 장부야
몸뚱이는 보내고
알량한 성심만 내려놓겠느냐

하기야
일신이 편하면 지혜로운 덕이고
고되면 세상 탓으로 보상받으면 되는
참편리한 낙원이니
하늘인들 두려울 리 있겠냐민

세상에 난 것이니 곧게 서서 가거라
지치면 쉬지 기어서야 가겠느냐
아직도 하늘이 푸르고 해밝은 것은
검게 그을린 네 영혼
맑게 다질 여백이라 이름이리니

어머니의 매

어린 시절 어느 날
동무들과 놀음에 빠져
책가방을 잃어버리고
해가 져서야
숨어오다가
애타게 기다리던 어머니에게
들키고 말았지
생명 같은 책가방을 버렸으니
사람 되기 틀렸다며
종아리를 맞던 날 밤
울다 지쳐 잠이 들었다가
흐느끼는 소리에 놀라 깨어보니
어머니는
스스로 당신 종아리를 때리시며
자식의 아픔을 대신하셨네
철없던 시절이지만
그날 밤은 잠이 오지 않았네
이 세상 뉘라서
아픔을 대신할 이 있는가
가련한 내 어머니
자식 사랑에
속으로 우는 날이 몇 날이었을까

눈보다 더 희고
해보다 더 따뜻하던 내 어머니
지금도 내 종아리에
아련한 흔적이 남았네

연緣

급히 달인 찻잔에 서리는
뜨거운 마음
잘게 부수어 마셔도
아직도 목에 걸리는 것을 의식하며

독백인양
등 뒤에 던진 수많은 생각들을
더듬어 보려 하니
이미 그대 심장 속에 떼 지어 녹아들고 만 걸

바람가는 대로 쓸리는 풀잎처럼
곁을 떠날 수 없는
무념의 끝자락에
언제나 하얀 얼굴이 걸려 있지

부딪쳐
상처를 내고서야 하나 되는
마주선 나무처럼
우리는 그 시간에 매달려 살아가고

돌아가면 만날
그날이 약속이나 된 것처럼
매화 그늘에 둔 한마디 밀어를
침묵으로 지킬 뿐

열두 번째

단
한 장 남은
숫자의 나열 판에
자신을 걸고
서른한 개의 밤낮에
희비를 점치는
삶의 역정에서
얻을 것은 무엇이고
잃을 것은 무엇일까
숨 쉬며 생각하며
확보한 것은
청춘이 연소된 덕일 게고
채움과 행복은
본래 뿌리 없는 무상
이 한 해도
나는 네가
또 하나의 나라는 생각으로
최고라 하고
너는
또 다른 너를 최고라 했을지는
앞서거니 뒤서거니
닮은 길로 왔지만
아하!

여로旅路

구름이듯이
바람따라 가다 쉬고
강물이듯이
길 따라가다 지치면 쉬지

달린 곳 없어
시공에 자유롭고
백 일을 이었으니
서둘 일 또 있던가

달빛을 걷어차며
별밭을 더듬어 가다 꿈길에 들면
홀로
환희의 몽상에 젖어보고

아
나는 아직도 멈출 수 없는 여로에 서서

영구산 복사꽃

질어가는
봄바람
저
푸른 강 건너면서
바위 언덕에
외로이 핀
진분홍 복사꽃을 보았었네
행여나
연약한 꽃잎 놀랄까
처마 끝에 숨다가
풍경에 마주치더니
그
가는 목소리로
적요만 깨워버렸네
아무런 의도 없이
그렇게 나서
서럽게 피운 꽃
누가
뼈 녹이는 고독을
알아줄까
영구산 바람자락들
눈물 모른 채
스쳐만 가네

영구산 운주사

만상의 서원들이
구름 되어 머물던가
영구산 머리 위에 백운관 둘러 있고
천불천탑 깊은 신심
미완의 꿈 푸르른데
풍진에 긴주름
계곡처럼 깊어라

민초들의 망치 소리
염불 되고 기도 되어
대웅전 풍경 끝에 혼으로 남아
자국없는 세월을 세고 있구나
가고 또 오는 계절마다
철따라 피는 꽃들 홀로 아름다워
그 향기 오롯이 연화대를 적시네

영구산 백호봉에 누워 계신 부처님
중생들의 기원은 하세월 시험인가
깊은 잠 깨실 날은
영화세상 오련마는
아직도 삼경인 듯 쇠북 소리 근엄하고
불국정토 간절함이
구름 되어 피어나네

영원한 고향 바다

한없는 도량度量에 우주가 담겨
해와 달이 뜨고 지는 무애의 세계
눠라서
저 눈부시게 청정한 기상과
만유의 시원始原을 짐작하랴

태초로 거슬러
유구한 침묵의 물결은
온갖 것 걸러 담은 맑은 가슴으로
생명들 잉태한
뜨거운 불이不二의 모정이거니

때로는
성난 물결로 세상 나무라지만
풍요한 자양에 생명들 대이어 가는
어머니 품속같이 은혜로운 바다
영원한 생명 고향이여

영일寧日

수정이 녹아 흐르는 듯
맑은 강물 속으로
하늘을 이고 거꾸로선 대숲이
은빛 보석을 강에 뿌리며
바람을 어루만진다

계절을 세지 않는 늘 푸름은
맑은 영혼의 샘 되어
풍진세상 침묵보다 열정으로
공허한 발자욱을 지우고
여명 뒤에 숨은 빛을 보라 함인 듯

천년도 짧으려니 곧게 서서
거세게 몰아치는 풍진세상
굽어 흐르는 세류를 탓하며
웅지도 대망도
물어 가라 이르네

나 오늘 강 언덕에 앉아
어깨를 스치며 서걱이는 목소리에
잠재한 침묵을 깨우며
네 안의 또 다른 세상을 읽노라니
나는 행복했네

영혼의 동반자

놓으려 하면
그
존재는 확연히
다가서고

잊으려 하면
더
그리워지는
야속함이

아마도 내가
참
살아있다는
징조인지

뜨거운 눈물로
다
감당할 수 없는
운명 같은 사랑

세상은 넓어도
단
하나밖에 없는
영혼의 동반자

옛터

눈썹달
붉은 노을 뒤에
숨은 듯 흘러가고
잡초 무성한
옛터에
풀벌레 소리 가득한
쓸쓸한 가을밤

햇빛
달빛
별빛까지
자유로이 드나드는
허물어진 지붕 위로
저녁연기 솟던
추억이 새롭다

아직도
떠날 수 없었는지
귀에 들리고 눈에 선한
향수의 잔재들이
봇물처럼 밀려와
나를 묶어 버린
잔인한 세월

오늘은 말하리라

가슴 시리게 맑은
저 가을하늘
한없는 그리움으로 채우다
행여
기울까 가슴 조이던 청량산

솟구쳐 오르다 구름에 걸린
뫼뿌리들
완숙한 여인처럼 풍만한 계절
마음 이어 붙인
영혼들 쉼터면 어떠리

아득히
무량한 세월 이고 선
대웅전 머리 위에
내 님 닮은 낮달 수줍던 문수사
불전에 간절히 서원한 연민

죽도록 그리워 줄여 밟는 길
오늘은 말하리라
사랑한다고
맑은 하늘에 고하리라
진심이라고

오월의 산사

생명의 소리
하늘 넘치는 초하
소음 같은 번뇌 덜 욕심에
산사에 드니
부처도 망중한이시네

정적 어루만지는
향연 속으로
한가닥 바람 밀려와
부처님 귓전 지날 때
반소 눈에 박혔지

아직도
떠나보내지 못하는
마음 한 조각
맹서코
되뇌이다가

바람이야 저대로 가라 하고
부처께 매달린 채
눈 감은 회상 끝에
범종 소리에 묻어가는
산그늘을 밟았네

우금산성에 서린 혼

선혈
눈비에 씻겨가고
함성
능가산이 삼켰던가
파란 죽음 하늘만 기억하리

뒹굴던 백골
성벽이 숨겨
흩어질세라 세월 베고 누운 침묵
흔적 더듬는
나그네 가슴 녹이네

아~
한무리
초라한 단검 들어
태산 앞에 섰지만
필사의 포효만 천둥 같았으리

장부기상 구름 비켰어도
중과부적
구국의 칼날에 목숨 자른
이름 덩실 남음이여
그 핏방울 손에 묻는듯

우리 군자君子시여

기쁘도다 君子여
百姓들의 父母로다
百姓들의 좋아하는 바를 좋아하며
百姓들의 싫어하는 바를 싫어하니
이가 곧 百姓들의 父母네

公明은
하늘의 形勢가 먼 데 있음에도
自身을 낮추는 劉備를 섬겨
天下를 얻게 함이여
낮춤은 大道의 門이었음이네

勢高益危라
물은 깊은 곳을 向하고
바람은 높고 높은 곳에 있으니
높고 귀함에는
하늘 또한 서리 같은 법

君子는 지혜의 모자람보다
德의 상실을 두려워하듯
우리 父母된 이여
崇德 스스로 안에 둠은
이 땅의 名運隆盛하란 誓願이네

우리는 하나다

장마를 물린
팔월
청량한 바람 선듯 불어
잔운 걷히고

뜰 앞에 무성한
한 그루 무궁화
드높은 하늘 따라 눈이 부시게
활짝 피었네

저 - 찬란한 햇빛 지나
구천을 물들일
무궁화 향기에
비상의 날개 펴는 형제들이여

어찌 너고 어찌 나랴
형상은 달라도 핏빛은 붉어
모두가 나
우리는 하나다.

— 제74회 광복절에 바치는 헌시

은행나무

눈부신 어의를 떨쳐입고
넓은 세상 모서리에 서서
모래알처럼 기대 사는
만상을 내려다보던 은행나무

한 해를 기울여 잉태한
보석 더미를
낱낱이 뿌리련만
아득히 다함없는 하늘이랴

바람이 서쪽을 밀고 오면
오던 길에 머리 두르고
한 해의 귀향길
어의 벗어 밝히네

화려함이야 한때의 영화려니
덜고 비운 깨달음에
소슬바람 두려울까
해달은 천지에 무애하니

이런 날이 올 줄 알았다

언제였던가
우리는 처음이라는 절차를 접고
구면이란 손쉬운 방법을 선택함으로써
상대성 관문 하나를
무시험으로 통과한 후
마주하는 자리마다
편한 분위기에 띄워 보내며
허락된 시간을 무위로 소멸하는
만남을 시간 도둑으로 쓰고 말았지
때로는
서로를 위해 자신을 부리는
배려의 순간을
짜릿한 행복처럼 위안 삼기도 하고
보이지 않을 때는
만남에 대한 구실을 구상하면서
한때 지나면 잊어버리는
무심으로 시작한 처음이기에
오늘도 훌쩍 떠나보내고 후회하는
이런 날이 올 줄 알았다.

일상

별이 쏟아지는 밤길
가끔은
구름을 헤친 달빛이
내 그림자 앞세울 때면
나라는 자신이 투명하게 다가온다

하루 한 달 한 해로 이어지는
수평선 같은 일상
무시로 변화하는 세상 소리에
내공을 채워가며
번뇌의 포만을 새김질하는 삶

앞을 가로질러 쏟아지는
산 무게 같은 피로도
하도 모질게 쫓겨 다니다 지쳤는지
이제는
머뭇거리다 떠나기 일쑤

그래야지
귀히 얻은 육신 미세히 마모되어
낮은 곳 채운 흔적이면
먼 훗날
맑은 들림 남겠지

잊혀진 얼굴

살구꽃 구름 사이로
하얀 낮달처럼 아름답던
수줍은 얼굴
지금도 떠날 줄 몰라

진달래꽃에 물든 눈빛
마주칠 때마다
가슴 설레던 그 언덕이
파랗게 보인다

지금은 건너줄 배도 없는 외딴섬
해당화 되어 피겠지만
우린 그렇게 그리워하며
눈으로만 보았던

이팝나무

아직은
서슬 퍼런 새벽바람 두르고
오롯이
희부연 제야를 건넌 무사처럼

이슬에 씻긴 생명들
한세상
화려한 영화 꿈꾸며
저마다 비단성을 쌓는 오월

여명을 박찬
검붉은 쇳덩이와 마주한 아침
도열한 전사처럼
하얀 등불 켜든 이팝나무

사월의 여왕

내가 그리워한 줄 알고
사랑의 눈빛 건네는
연인 같은 벚꽃

누가
저 - 거룩한 사월의 여왕
맘에 둘라 두렵네

시샘의 광풍 사나워도
순백 세상 그리며
설산을 넘는 일편단심

우아한 정결로
환희의 세상 밝히려
목숨 깎아 꽃비로 내리는

산

너 정녕
산을 밟고 섰는가.
산은 이미
너를 품에 안고 있음이여
어찌 작은 눈으로
우주를 잴 수 있으랴

가파른
암벽을 오르는가.
그제서야
숨막히는 고통을 앎이여
이제는
산을 정복한다 말하지 말라

보는가.
하늘을 격파하는
참용기를
그대를 감싸 안은 자비가
어머니 품 같은
위용과 온기의 두려움이여

산내골 구절초

숨막히게 치닫던 물줄기가 멈춘 뒤
기갈에 지친 강이 길게 눕고
청류에 세월을 낚던 기암들은
퀭한 얼굴로 허공을 뒤진다

바람이 동남으로 부는 계절이 오면
귀빈 되어 찾던 기러기 가족은
속살을 드러낸 옥정호의 맨가슴에
길을 잃어 더디 오나

한발에 탈진한 산내골에
하얀 백설 분분이 내려
힘겹게 건넨 목마른 계절
설중송백 딴 기상 높네

가면 못오는 게 자연의 섭리지만
산내골 구절초는 해마다 피어나서
수고롭고 지친 심신
님인 듯 반겨주네

상념

바다를 휩쓴
차디찬 울분이
무영의 넋으로
산을 밟고 넘으면
너무 먼
세월 너머에
웅크린 잔영들
그 메마른 가슴에
얼마만큼의 빗물이 고이고서
푸른
숨소리 들릴지
이 작은 공간을 메운
상념 더미에서
소리 낮춰 슬퍼하겠지만
시간은
저 대로 바삐 흘러가고
하얀 밤 거니는
홀로 남은 나
창을 두들기는 빗소리에
씻겨 가는 밤을 보며……

새만금

동진만경
불멸의 동맥이 숨 쉬는 신천지에
격양가 대신
세계화의 함성 우렁찬
꿈의 평원 펼쳐지고

수수천년
환난과 빈곤을 인내하며
엎드려 지켜온 부모 같은 땅에
세상을 지배할 망루 세우는
희망의 망치 소리 드높아라

넓은 우주
한 가슴으로 품고
인류를 양육할 터전 만들어
움츠렸던 여명의 땅에
신화의 깃발 높이 휘날리며

땅을 딛고
하늘을 바라보던 지순이
벽해를 상전으로 바꾼 용기
아~ 새만금
영원한 번영의 터전이여

제4부

생의 길

새벽달

저 달은 그렇게
아무도 없는 고독한 밤에
은하수 가로놓인 허공을
홀로 걸어서
두승산 머리에 걸칠 무렵

나는
어느 토굴에 갇혀
나를 사로잡아간 것들에 대한
사유思惟에 되잡혔다가
막힌 숨에 쫓겨 문을 나선다.

홀로 지기 아쉬웠는지
상기된 얼굴로 쏟아 부은 빛살이
또 하나의 허상을
땅에 길게 눕히고서는
말없이 기우는 새벽달

동편에서는
여명黎明이 밀려오던가
한자락 바람에 실린 실안개가
두승산斗升山의 허리를 휘감을 때
웃음 띤 얼굴로 나만 보고 가던 달

생명의 향기

한
가지
내려 피어난
연약한
잎새의 푸르름이야
계절의 몫이었어도

시들까
두려워
잎새로 가려 핀
여린 꽃잎들
작은
열매 위해 지고

살아야 하는
험준한 구비
눈비뿐이던가
벌 나비 불러
향기와 바꾼
위대한 용기 가엾네

생애

해는
구름 속에 살다
하늘 끝에서
붉게 타버리고
잿빛 그늘 헤매다
지친
걸음 멈추니
시간은
옆길로 지나쳐
어느새
또 하루가 갔네

이렇게
쌓인 것들이
나를
소각해 버릴
장작더미가 되고
한줄기
하얀 연기로
명멸해 갈
티끌 같은
생애

이것이
마음 졸이는
삶이랄까?

생의 길生路

하늘과 땅이
자리를 바꾸지 않으니
해와 달도
가던 길로 가고

구름은 바람 따라
강물은 기운 대로
모두 다
연 따라 가는 것을

땅을 딛고
하늘을 우러러 사는
티끌 같은 네 생이야
난 대로 살다가 가야지

명리도 영화도
구름 같아서
윤회의 바퀴에 실렸으니
기댈 곳은 숙명뿐

허무하다 말게
이것이 인생의 길이라네

생애의 촛불

목 타는 생명들이
일제히
고개를 들어
하늘을
응시하지만
창공에
태양만 밝게 비추네

하늘이
생명을 냄에 있어
동물에 지혜를
식물에 뿌리를
주었음은
대명大明이면
더 무엇 하란 뜻일 게다

하늘에 구하거든
하늘 따라 살라
구함과 삶이
서로 다르면
그대는
생애의 촛불을
바람 앞에 둠이니

생의 허무

하늘이 청청하고
땅이 여여한데
막숨이 차오도록 토하는
생의 고통은
그대가 등에 진 삶이라 하거라

하늘이 주어 나고
땅을 빌려 사는
훌쩍 커버린 홀씨의 망상
가없는 우주의 법을
어찌 알아 근심하랴

백년도 못되어 비켜설 운명 속에
오는 듯 가는 듯
선 자리에 섰다가
천지를 부모 삼아 섬기다 가련만은
불타는 낙조에 눈시울은 왜

생존의 동맥(새만금)

일찍이
잠든 바다를 두들기던
파도의 회침이
선잠에 취한 인류의 무지를
일깨운 역사의 시원이러니

선각들
바다에 생존의 길을 닦은
그 위대한 영웅들의 혼이 담긴 물결
지금도
우리 앞에 넘실거리지 않는가

거대한 쇠붙이들 거친 물살 가르며
인류의 부푼 꿈을 담아 나르고
먼 길 가로질러 행복 앞당기는
저~ 눈부신 바다에
희망의 큰길 열리네

동서남북
아니 미치는 곳 없이
상생의 희망이 교차하는 바다
인류의 웅비를 예감하는 뱃고동 소리
제해의 포효여!

생일

나에게 음력 정월은
가장 행복한 달이었네
초하루 날이면 나는 언제나
색동저고리를 입고
어머니 앞에서 한 바퀴를 돌며
맵시 자랑을 해야 했고
동네 세배를 하다 보면
칭찬받기 바빴지
가난하던 시절이지만
초사흘 정성시루
초이레 초아흐레 날에도
우리 집은 잔칫날이었고
보름날 오곡밥이며
나무새 푸짐하여
동네 어른 아이 모두 모이고
사흘 후면
열여드레 바로 내 생일이었지
그날이 오기 하루 전이면
유난히도 바쁘신 어머니
크나큰 시루 속에 촛불이 켜지고
하얀 옷차림에
굳게 모은 두 손끝이

다 닳도록 비시던 정경이
먼 기억으로 묻혔어도
아직도 그 간절한 목소리는
내 머리 속에 남았네

망부석 1

망부望夫의 혼백魂魄인가
단장斷腸의 눈물인가
하얀 이슬이 피워낸 들국화菊花
님의 숨결인 양 향기 짙어라

불타는 가을 천추千秋 흘러도
붉은빛은 일편단심一片丹心일러니
어찌타 질긴 인연因緣
사랑에 녹아 돌望夫石이 되었네.

하늘까지 물들인 뜨거운 사랑
풍상風霜도 그지없는 망부혼望夫魂에
이 가을은 몇 번째던가
소리 내어 울거라 애련哀戀의 넋이여…….

망부석 2

막질러 가던 세속에도
한 여인의 간절한 염원에
영면에 든 바위가 쪽머리를 하다니
필시 하늘의 뜻일레라

천성을 빗질하여
곱게 다진 연이어라
구름을 물리고 쏟아낸 달빛이
서툰 발길 살폈으리

와도 되고 가도 되는
사람의 길이언만
솔잎같이 섬세하고 대잎같이 굳셌으니
하늘인들 무심하리

망부석에 머문 일월
맑은 이름 비추우며
철따라 꽃피어 향기 다함없음은
하늘과 땅이 일편단심 기억함이여

혼백은 하늘이 거두어도
이슬 닮은 절의 속세에 남아 만가슴 적시더니
아- 천추 흐른들 다르랴
여인의 향기여

망부석 3

가인의 혼령이시여
그대는 지금도
망부의 가시밭길을 걸으며
인생의 허무를 비단으로 수놓아
고난과 원망을 행이라 믿는가

그 흔한 부귀는
하늘의 뜻이라 스스로 내려놓고
빈천도 몫이려니 풀처럼 누워
행상 간 가장을 근심하던
이슬 같은 여인이여

천추를 오가는 계절 변함없어
초산의 꽃구름 한창인데
눈물 젖은 애수는 산 같아도
돌 되어 서 있으니
내 서툰 붓 들어 그 사연 전하리라

논하노니
하늘 아래 짝할 이 몇이리오,
그대의 진한 향기 하늘 닿아
일월과 같이 하리니
영원이라 말하리

맥아麥芽

설한에 휘감겨
여린 뿌리로 동토 짚고 서서
동상에 손끝 잘려도
새파란 생명
놓지 않는 맥아여

오한에 넋 잃어도
담근 땅 부풀면 분연히
착심에 사력 다하고
노란기 절로 빼지 못하는
파란 생명의 불사신인가

혹독한 동장군이
예리한 칼바람 거두고
남으로부터 달려온
훈풍 일면
파란 생명으로 되돌아와

검은 흙덩이 볕들고
봄비 젖으면
더딘 계절 앞질러 맞으며
기아를 징벌하는
생명의 화신이여

매화

만년설에 잠든 봄
붕새 등에 업혀 설산을 넘네
꿈인 듯 놀란
화심의 발 소리에
싸릿문 열리더니

세 살배기 매화나무
터질 듯 부푼 가슴
나
불현듯 달려나가
하얀 가슴에 얼굴을 묻네

매화의 눈물

더디 오시는
님처럼
봄은
그리도 멀리서 오는가

그리워 몸부림치다
창가에 기대서서
들리는 듯 님의 발자욱 세며 이
슬에 젖은 눈동자처럼

타오르는 연정
가지마다 맺혀
오열하는 매화의 부푼 가슴
한 가닥 안개비면 피워내련만

바람 모질어도
기어이 오고 마는 계절이
기다림은
그리도 오랠 줄이야

참을 수 없던 눈물
봄비 되어 내리는 날
망울진 사랑 피어나면
곱게 물들 삼월

모항의 애수

성근 숲 사이
선명한 위용
탁류 세상 굽어보는
저 하얀 얼굴들
서해를 밟고선
반도변산은
신선의 고향인가

바다를 휘감은 바람
구름 제쳐
하늘은 드높고
청량한 가을이 잉태한
코스모스 향이
이 가슴을 불지른
저무는 모항의 해변

내 영혼 거머쥔
너만을 위해
해는 바다에서 타버리고
은빛 반달 홀로
객창에 서성이다
잠 못 이루는 밤 두고
여명에 밀려 떠나네

잊을 수도
보낼 수도 없는 미련에
떨리는 입술
기우는 잔마다 어리는
애처로운 너
심장 깊이 마셔도
떠나지 않는 독백

장부의 눈물 나무랄라
숨어우는 밤
모진 끈 놓지 못하는
숙명이란 그림자는
산산이 부서져
폐허가 된다 해도
허공을 떠도는 홀씨 될 테니
모양성의 봄
취병륜

모양성 오릿길에
쏟아 부은 봄 햇살
진분홍 철쭉꽃에 취해
잠시 머문 사이
나그네 발길도 따라 멈추네

욕심 같아서는
이 세상 여기서 멈추련만
시절은 정해진 대로 흘러가고
시들어갈 꽃들의 안타까운 운명만
이 가슴 적시다 타버리고 말겠지

계절을 물들인 화려한 미소
백년송 향기 섞여 성벽을 둘렀건만
누구의 시샘이기에
시듦의 아픔 삼켜야 하는지
차라리 취하여 망각에 맡기리라

수수백년 풍상을 인내하며
말을 아낀 성벽에는
세월이 두고 간 밀어들만
인동초 이파리에 붉게 새겨 있구나
아- 누구라 모양의 봄을 소리 내어 부르랴

모악산母岳山

구만리
우주를 이고 선 대로
미륵이 큰 깃발을 들고 오실 때에도
모악은
말을 감추었네

아마도
겁으로 헤아릴 무량수련만
광대한 서원
가슴에 사려둔 모정은
한 자루 촛불이었고

위대한 육신
둥지로 나투고
흘리는 옥수사바를 적시니
만생명 융성하는
불국성지 아니던가

개산 천사백년
부처님 발자국 밟아온 이 몇이던가
애증도 탐욕도
덜고 비웠을 터
깃 없이도 구천을 날으리

무제 1

우리

누구냐 묻잖아도
맥박
같은 간격 느끼며
초대받지 않아도 오듯이
가는 길 닮을 동행

꿈같은 생애
가시 삼켜도 행복이라 접던

먼 길 돌아
다시 만나면
눈물 강 보겠지

둘
혼 하나 깃들어
같은 높이 하늘 보는 숙명으로
뜨거운 피
식을 때까지

무제 2

나는 너를
시린 매화 가지에 피워 놓고
흰 눈 날리는 계절을 보내지 못한다.

무영탑

빗나간
사랑의 철학이었어도
가슴으로
바위를 녹이려던
어리석음이 좋았다

푸른 하늘
바람에 밀려가는
솜털 구름 이고선
천년송처럼
그렇게 말없이 서서

널 향한
외눈박이로
쏟아부은 날들
돌아오지 않아도
나는 행복이라 믿어야지

더 오래
나의 혼을 일깨워
너를 기억할 욕심으로
오늘도
돌탑을 쌓아가지만

묵墨의 혼魂

묵墨
무명無明의 세계世界인가
암흑暗黑인가
그
원초原初에 숨은 신비神秘는
그려지는 물체物體마다
빛깔을 내포內包하네

명상冥想으로 사유思惟하는
무량無量의 깊이에서
육신肉身에 가라앉은
진흙
더 깊은 저변底邊에서 인양引揚된
안목眼目에만
비쳐지리

안으로 숨음으로
밖으로 드러나는
심오深奧한 침묵沈然
우주宇宙와
만물萬物
행行하고자 하는
혼魂의 형상形像이여

문수사의 봄

세한도
유한에 밀려간
갓 사월
묵상을 깨우는 청록 구름이
청량산을 휘감고

수수백년
무명을 일깨우던
문수전 향 내음에
백화가 만발하고
뭇 생명들 춤사위 아름답네

서둘러 오르는 길
불수不壽의 노목들이
아득한 불심을 귀띔하듯
연등줄에 목을 내준
참회 모습 간절하고

이끼 낀 돌 틈으로
소리 내어 흐르는 청량수가
보고 듣는 인연들
가슴마다 흘러서
번뇌도 고난도 서원에 씻겨가리

민들레 연가

네댓 개
앳된 잎파리를 볕에 내걸고
용케도
때늦은 꽃대 하나 하늘에 올리더니
어느새
눈이 부시게 샛노란 꽃을 피웠네
쇳덩이처럼 무딘
시멘트 틈새에 뿌리 내린 용기야
하늘 덮는 느티나무에 견주랴만
오고가는 바람이며 빗줄기며
흘겨보는 눈빛까지도
민들레는
연한 미소로 삭이며 산다
어쩌다
낡아 빠진 천조각으로 맨살 가린
허장성세 말쟁이가
허리 굽혀 남기는 한 준 입김이 귀빈인
기구한 생
그래도 뜨거운 설움 안으로 삼키며
하얀 홀씨 바람에 띄워
거친 세상 후미진 골짜기까지라도
노란 향기로 세상 물들이는
가련한 민들레

달 그림자

노을빛 서둘러 떠나가고
나뭇잎 뒤지던 실바람도
산그늘에 잠든 계곡
더듬어 흐르는 냇물에
하얀 달이 실려간다

팔 벌려 맞잡은 송림 사이로
곱게 내린 달빛
백 리나 되는 먼 길
세월을 저 나르다 등이 굽은
고독한 여수旅愁

총총히 박힌 별 밭 사이로
섬섬히 싸인 사색의 숲길
아직도 처음이 아득한
지친 몸
충만한 만월에 길을 묻네

닭기개비꽃

고요한 밤
별밭을 지나
하늘을 안고 내린 이슬방울이
닭기개비꽃이 되었나

내 어머니 새색씨 적
청조한 모습 닮은 닭기개비꽃
죽도록 그리운
그 얼굴 다시 보이네

바람도 숨어 사는
낮은 언덕
하늘만 보고 살며 망울진 눈물
휘어진 마디마디 맺혀서

해가 지면
별을 세는 돌담장 어깨 너머로
날 부르시던 그 목소리
닭기개비꽃 되어 피었네

닮은 여정

나는 먼저고
너는 그 훗날일 뿐
우린 운명처럼
외나무다리를 건너고 있구나.

발아래
나락의 공포
오직 숨 길 하나만 남기고 증발 당한
고독한 행려자

영욕은 구름 위에 얹어두고
곡예를 닮은
인식 하나로
생명의 끈을 놓지 못하는

퍽이나
닮은 여정
팔 벌리면 닿을 간격이지만
가던 대로 가는

우리의 뒷모습
어쩌면
생겨난 숙명대로
아직도 멀리 남은 길을 가고 있는

독백獨白 1

때로는
바닷물이 쏟아져 덮치듯
공포를 주고서도
가슴에
푸르름을 몰고 온 바람이 되고

때로는
땅이 찢기고 꺼져버린 것처럼
절망을 주고서도
두려울 땐
어깨를 감싸주던 너

이제는
하늘이 무너져 내린다 하여도
살 수 있다는 확신을
네 가슴 안에 숨긴
불씨로 보며

다시는
올 수도 볼 수도 없는 일이지만
단막單幕의 연극처럼
네게 혼魂을 주고
너는 사랑을 건넨 기억으로……

독백獨白 2

덜 수 없는 무게로
생生을
짓누르다
홀연忽然히
산山을 무너뜨리고서야
하늘을 연
오랜 동반同伴

아직도
건너지 못해 창파滄波에 떠도는
미세微細한 씨알처럼
나
언제까지
생生의 독백獨白에
떨리는 손 내밀지

때로는
묵상默想의 창窓 틈으로
무딘 감성感性건져
적요寂寥 불사르고
바다를 삼킨 후
나를 보게 될
한줄기 빛인 것을

독백 1

아득히
지평선 너머
또 하루를
불태워 삼키는 낙조

어깨 스치는
소소한 바람 속
흐름을 이탈한 전율이
누구의 누가 되어
걷느냐 묻네

식어가는 대지
검게 덮인 하늘엔
어느새
수줍은 눈썹달
촘촘히 걷고

짙어가는 적막
가로질러 걷다
문득
소리 없는 소리에
발길 멈춰 서지만

독백 2

밤새 내린
빗속에 갇혀
떠나지 못한 생각들이
발을 구르다
잠이 들고 만 아침

젖은 빗물을 닦을 셈인 양
한자락 바람이
시멘트벽을 쓸고 간 뒤
길 따라가던
또 한자락 바람은
갈대숲을 타고 들판을 적신다

낮은 비구름들
산 어깨를 짓누르고
쏟아낸 물줄기가
한여름의 숨소리인 듯
암벽을 안고 뒹군다

다시 밤이 오기 전에
못 전한 말들 보내고
파도처럼 밀려올
숙명 같은
미지의 언어를 위한 독백

동행

가슴
빈
순례자로
님
그림자 밟던 날

하늘
유난히 맑아
투명한
혼
보았네

침묵이 걸러낸
한마디
말
마주보며
삼키고

뜨거운
조각
나누어 걸며
안에 새긴
동행

동안冬安

겨울은
뿌리로 돌아가게 하는
계절이라 하였던가

한 해의 풍성을 땅에 보내고
동안에 든 자연

하늘이 하얀 눈꽃으로
설해를 이룬 것은
만물은 일원一元이란 뜻일 게고

묵언의 명상에 들어
안으로의 충만을 이루라는 계절이네

일원一元: 장자壯子의 학설學說로 '만물萬物의 근원根源은 하나다.'로 요약要約되는 말

두견화

짙은 안개
시린 발등 녹이너니
봄은
오색 무지개 건너서 오네

동안에 깨어난 두견
가지마다
진분홍 혼불이
설레는 가슴처럼 부푼 계절

인적 없는 빈산
부둥켜안은 송림 사이로
오가는 바람 소리
단잠 깨우고

님이 오시는 발자욱처럼
곱게 디디는
봄이 오는 소리
다정한 계절의 속삭임

잔설에 움츠린 계곡마다
두견화 곱게 피는 날
살포시 내리는 꽃비 맞으며
내 님도 오시려나

들국화

고귀한 품격은
대중과
다른 길로 온다 하던가.

백화시절 사양하고
선인처럼 내린
가을의 여왕
들국화

태양을 삼키고
하얀 이슬 겸손히 맞아
그 향기 더욱 짙어라

세상을 눈에 담고
우주를 소요하는
시인의 마음 약탈한
빼어난 품격

세상도 모자라
하늘까지 물들인
천사의 몸짓인가
내 님 닮은 들국화

가고 또 오고

눈을 감는
낙조의 침묵에 묻혀 버린
한 해
석별은 사치스런 회한일까

삭풍에 얼어붙은 하늘 길
홀로 걷는 소월은
공산에 드리울
그림자도 남기지 않는 겸손이여

차디찬 별들 쏟아져
호수를 메우는 밤에
홀로
세상 소리에 지새우던 백야

천년을 푸르다 지친
노송의 기도처럼
새벽은
기어이 붉은 서곡으로 열리고

하늘의
섬세한 손마디에 실안개 일어
또 다시
온기 서릴 대지여

제5부

그런 날을

질마재의 구절초(2012. 9.)

촉산族山의 기상으로 하늘에 오르다
속세에 귀화하여
가람伽藍과 시선詩仙을 품에 안은
명승名勝의 지존 소요산逍遙山
질마재에 피어나는 구절초 꽃은
완월처럼 선명하다
신선한 가을바람을 마시며
수줍은 미소 참지 못하던 어느 날
어줍잖은
양반댁 선머슴이 황새걸음을 하며
허리 굽혀펴기를 한다
안방마님의 구절차 매혹에
저승사자가 된 충노柬奴의 도벽盜隣
사악한 마수에 항거할 힘도 없이
목을 내어주던 구절초의 절규
청순을 약탈당한 고매한 넋이여
청산은 그저
운명이거니 치부하라며
새까만 적요로 얼굴 가리던 날
충노에 길든 머슴 놈은
잔인한 실소 흘리고 바람처럼 간 뒤
계절의 무늬를 도둑맞은 구월은
무상을 탄했겠지

밤송이

바람의 향기 곱던
유년시절에는
가을이 그리운 눈빛들이
솜털가시마다 촘촘히 박혔었지

어느새
새털구름 사이로
눈부신 햇살에 익어가는 가을
진주 같은 보석주머니가 열리면

두려움에 움츠렸던 눈빛들
떨리는 설렘으로
경계의 가시 문을 열고
영근 꿈을 줍는 보시의 밤송이

성황산 가을

가을의 거보에
꼬리가 밟힌 여름이
황급히 떠나고
칠보 뜰 나락 내음 넉넉한
고을의 당산 성황산

검푸른 노송 머리 위에
흰 구름 일고
부둥켜안은 밀림 사이
여름을 지우려는 매미 울음
다급해진 산정

성황산 넓은 품에
안식하는 얼굴들
대숲을 쓸고 온 가을바람에
구슬땀 식히는
넉넉한 계절

덕유산德裕山

가을 구름을 허리에 두르고
하늘을 받쳐든 덕유산
저 영봉의 기상 경외로워
만고의 영걸 청운을 걸었으니
그 품은 우주였으리

우러러
큰 뜻 멀리 두어 인고한 청룡들은
난세의 영웅이요
치세의 군자러니
그 덕업 폭포 되어 쉬임이 없네

오르다 지쳐 누운
장사의 혼백들은
구천동 고을마다 신선이 되어
강산을 밝히고자
백화로 피이나니

벗이여
우리 어찌 천지의 말미암음에
후박을 가리리오
다만
그대의 기상이 청정함에 있나니

도솔산 가을

도솔산 가을바람이
하늘을 드높이고
피어오른 향내음에
만상은 가을 옷을 입네

동백도 산무릇도
고은 흔적 지웠으니
도솔천 맑은 물에
부질없는 욕망 보내리

인연 닿아 찾은 성지
곳곳이 명승이니
논하여 무엇하랴
몸 두는 곳 낙원일세

하얀 서리 이고서야
먼 하늘 들림에 귀 기울이니
애수에 잠긴 내게
도솔산 가을이 자리를 나투네

도솔산에서 2

산속을 걸으니
마음이 맑아
대하는 것마다
아름답게 보이고

높은 곳에 오르니
마음이 넓어져
생각이
멀리까지 이르네

발길마다 밀어를 묻으며
걸어가노라면
이마에 맺히는 구슬도
영롱하고 정겨워라

구름 덮인 재를
히니 디 넘이 보니
육신은 고달파도
마음은 신선이 된 듯

산사의 고요를
밟고 지나노라니
대숲에 숨은 바람이
풍경을 깨우네

내장산 연가

하늘이 내릴제
맑은 물 맑은 바람
은밀히 두었느니
이 기상 오롯이 안으로 감춘 내장산

물안개 피어나는 새벽
신선봉을 박찬 붉은 쇳덩이가
비단 더미를 태우는 불꽃에
가을은 더 눈이 부시고

금강석보다 강한 만상의 혼들
윤회의 숨결 따라
유구한 세월
선경의 낙원 아닌 날 없어라

부처의 만류에 이 땅에 머문
서래봉 신선들이
사바의 망상들을
비단 숲에 태우는가

내장산의 봄

서래봉 멎부리가
파란 하늘에 빠져들고
훈풍은 덩달아
바쁜 걸음으로 산허리를 휘감는
봄은 정녕 신비를 앞세워 오는가

부딪혀 뒤엉킨 암벽 사이로
우주가 자연을 다독이는
소통의 숨소리 새어나오고
늙어 쓰러진 고목의 등줄기에는
파란 혼백이 봄을 건너고 있구나

눈에 띌세라 엎드린 풀꽃이
뽀얀 가슴 살짝 열어
수줍은 살냄새 몰래 전하는
매혹의 계절
봄은 사색의 틈새까지 황홀하게 눕늘이고

수수만년
오고 또 가는 봄이건만
처처에 이 몸 두고 가자니
해는 성급히 기울고
산사의 쇠북소리 길을 재촉하네

내장의 만추

정념에 불타는 계절
사색이 우주높이로 솟구쳐
하늘 길을 열면
서래봉이 곧추세운 촉수에
새털구름이 낚이고

힘겹게 추령을 넘은 오색구름에
하늘을 격파한 팔봉이
화염에 휩싸이는 가을
바람에 쫓기던 낙엽들이
발 끝에 다급히 멈춘다.

생이란 무엇인가
핏기 한 점 없이 청춘은 잃었어도
돌아갈 길이 남아
가지 끝에 졸던 바람 빌어
조용히 내리는 낙엽

덧없는 시간들이 쌓이는 만추
망해봉에 걸린 낮달
우화정에 내리면
만산홍엽 비단 꿈도
서리서리 잠기네

내장산 가을 1

여름이 부리고 간
삶의 부제들이
사색의 공백에 넘치는데
성큼 다가서는 가을

나락목이 숙기까지
미루나무 키 높이에 머물던
안개구름이
신선봉 허리둘레에 휘감기는 진경

기척도 없던 소슬바람이
서래봉을 넘나들더니
허리굽은 소나무 묵은 입에
불을 지른다

청풍명월에 잔 기울이던
천하의 신선들이
오색 불길에 휩싸인 내장의 선경에
말문이 닫힐 테니

무딘 필경 무릎쓰고
바람같이 달려가서
십 척이나 긴긴 죽간
탄시어로 채우리라

내장산의 가을 2

성화에 못이긴 가을이
잎새마다
희디흰 부싯솜을 뿌리더니
여명이 토해낸 불씨에
온산이 불바다가 되네

운해를 삼켜버린 불꽃이
하늘을 물들이고
쫓겨간 바람자리 열기 넘쳐
서래봉 신령님들
청록관을 벗겼네

아휴 뫼뿌리에 봉화 오르니
온누리 발길들
한입처럼 외치던 탄성 골골이 숨어
네 계절
뭇 가슴 설레리라

산 그림자 내릴 녘
우화정 담소에
하늘의 별들이 남김 없이 쏟아진 뒤
내장사 범종소리
삼경을 알리네

노보살(불기2557년 보은사)과 석탄일

힘겨운 비탈길을 오르네
천수경 염불 소리 죽장 삼아 오르네
세월에 눌려 굽은 허리
깊히 파인 주름 사이에
진땀 훔치는 보살행

집 나설 때는 단신이더니
절문에 드니 가속이 늘어
부처님께 고할 성명 두 손도 모자람은
이는 필시
금생의 업장일 터

천년을 살 것처럼
간절턴 서원들
하나둘씩 보내도 되련마는
질긴 인연 못 잊어
불전에 오체 던지는 갸륵한 지성

아기부처께 청수 기울이며
무애의 여생 비는 노보살 하얀 마음
보은사 하늘에 광명 충만하여
가피 고루 나툼은
맑은 정성들 삼보에 닿음이라

누가 사나

반만 열린
검은 쇠문 안으로
계단
급히 오르고
닮은 얼굴들
오가는 발자욱 세며
햇빛
홀로 지키네

해 저물면
붉게 타는 석양
창문마다
눈부신
수채화 수놓고
달도 별도
고운 숨결 지키는
그곳은 누가 사나

이름 하늘에 걸어
마음 물처럼 맑고
다시 올 봄 기다리는
꽃 마음에
행복 느끼는 얼굴들
바람 순하고
해 밝은 뜨락

눈이 먼 목연필

달빛을 타고 온
여인의
섬세한 손길에

봄이 오고
꽃이 피어나지
새들 높이 날고
사슴 멀리 뛰는 늘 푸른 녹원

햇빛
맑게 내리면
새파란 향기에 젖고
달빛
하얗게 내리면 시인 되어 내게로 오는

별이 빛나는 밤마다
성근 숲 사이로
바람에 실려 오는 시어 속으로

찔레꽃 냄새처럼
온통 사랑에 물든 여인의 얼굴
제 손엔 눈먼 목연필 하나

늙은 감나무

세월에 기대어
말없이 늙어버린
노령의 감나무
눈 깜짝할 사이에 지나가버린 한 해
기력이 다하기 전에
잎새마다 칠색무늬 수놓아
곱게 맞이한 가을
거칠어진 육신 추스르며 잉태한
빨간 열매를
하얀 백설이 감싸는 우주의 온정
그래서
생은 아름다운가
돌아갈 길을 근심하던
저 늙은 감나무는
봄꿈을 위해 설한에 드는 용기

늙은 소나무

열 길은 넘어 보이는
서래봉 절벽에서
하늘을 붙잡고 살아가는
늙은 소나무

생명도 욕심인 양
키를 낮추어 사는 업보
하늘이 비 한 방울 나누지 않아도
찬이슬에 만족하며
하늘 앞에선
언제나 청청한 늙은 소나무

봄 여름 바람 따라가고
가을이 오면
빛바랜 잎새에 말을 묻고
흰 눈이 분분하면
명상에 들어
살같이 스쳐간 여정을 회상하며
더러는 길 잃은 산새들
더러는 낯선 시선들 마주치지만
천지는 고향이고
구름은 이웃인 양
천수를 기다리는 늙은 소나무

가엾은 능소

치부도 가릴 새 없이
무색의 성은聖恩 한 줌에
새파란 알몸을 절벽에 휘감으며
두 계절을 태워 마신 능소

파란 하늘만 남기고
높이 올라
바라보이는 것은
그 흔한 기와 조각 하나 없는 허허한 상흔뿐

네 가슴에 꼿꼿이 세웠던
화려한 봄꿈은
아득히 거슬러 돌아본 세월에
그 쇠잔한 감색으로 바래버리지 않았더냐

기갈에 지쳐 늘어진 어깨
부끄러워 마라
명리에 속아 타버린 혼들 산을 메웠으니
너 그냥 한낱 길손이었거니

고백告白

생각하는 대로 살지 못해
살아지는 대로 생각하는
정체된 존재
나를 스쳐간
사색의 낙엽들 불태우며
사실은
투철한 철학도 없이
허공을 걷는 허세로
얻어진 생을 도둑질하듯
구름 보자기에 싸는 내가
사나운 불길의 연기를 마신다
나 지금
나의 세상 어디쯤 와 있는지
모르는 바 아니지만
가다 그친 길 위에서
무상한 과거와
불확실한 미래에 한눈을 팔다
현재를 불사르는 어느 순간
구름 사이로 쏟아지는
눈부신 햇살처럼
폐부를 가로지른 낯선 연이 주인 되어
텅 빈 고요에 씨앗을 던진다
그 훗날을 위해

가을

가을은
바람을 앞세워온다

저 푸르른 잎새를 뒤척이는 몸짓은
얼마 후
성하를 징벌할 징조이려니
계절은
또 한 번의 마지막 호사가 기다리고

그
바람의 난간에 서서
세월을 셈하던 나그네는
볼을 스치는 상념에
눈을 감네

아 —
해탈을 앞둔 만상들의 발끝에
한줄기 바람이 감기고

2011. 9. 8.

가을이 두고간 여운

잿빛 하늘을 이탈한
성급한 찬바람에
조용히 땅에 내린 잎새들이
비명을 지르며 돌 틈에 숨는다

차마 떠날 수 없어
발을 떼지 못하던 살붙이들은
푸르던 꿈만 두고
객적은 빗물 독촉에 몸을 던지고

떠나보낸 아픔 서럽게 삼키며
시련이 아니면 얻을 수 없는
먼 훗날을 위해
생의 험한 고갯길을 예감하는 고행

땅을 딛고
하늘을 바라보는 생명들
세월이 다져준 삶의 깊이에서
새로 피어날 상서러운 봄꿈을 위해
동안에 든다

가을이 떠나간다

가을이 떠나간다
억새꽃 목멘 손짓 뿌리치고
훌훌히 떠나간다

가을이 떠나간다
화려함도 애절함도
부질없는 여정

가을이 떠나간다
가슴을 스쳐간다
강물 따라 간다

가을이 떠나간다
하얀 여백 남겨 놓고
바람 따라 간다

가을을 보내며

봄 여름 그리고
가을마저
빈 하늘만 남기고
훌쩍 떠나버린 쓸쓸한 산정

한바탕
호사스런 영화가 스쳐간 숲길은
매운바람에 씻긴
맑은 햇살이 바다처럼 깔린다

짙푸른 숨소리
격정을 이겨낸 뜨거운 사랑처럼
때가 되어
떠나는 것을 원망하면서

아프게 보내는
여인의 상기된 볼처럼
노랗고 빨간
마지막 석별의 화장기 애처롭네

가을의 길목

물버들
긴 손 내밀어
제 그림자 낚는 강가에
이제 막
비상훈련을 마친
소년 백로는
긴 다리를 짚고 서서
서툰 작살질에 넋을 잃고

갈대숲 헤치며
밀려온 가을은
허허한 들판 누비며
황금 물감 뿌리는 사이
저마다
높은 하늘이 쏟아낸
햇빛 등진 채
단생의 숙명을 맞네

홀로
바람 옆에 서서
떠나는 구름 바라보며
무상한 세월

세는 동안
불현듯 떠오르네
한해의 정경도 이러한데
나는 과연 몇 해던가

가을 편지

당신에게
가을 편지를 씁니다
이날을 기다리며
하늘만 바라보다
목이 멘
코스모스 옆에서
편지를 씁니다

당신에게
가을 편지 씁니다
비바람 사나워도
한 발로 서서
해만 바라보다 눈이 먼
해바라기 옆에서
편지를 씁니다=

당신에게
가을 편지를 씁니다.
바람과 살다 시월이 오면
하얀 손 흔들며 눈물 닦는
이별이 두려운
억새 옆에서
편지를 씁니다

가을의 문

잎새마다
태양을
하나씩 안고
숨막히는
언덕을 오르더니

어느덧
팔월의 하늘이
열기를 걷고
뭉게구름
띄웠네

담장지붕을
힘겹게 오르던
박 넝쿨은
하얀 비단으로
둥근달 감싸 안고

등에
가을을 진
꽃잠자리 군무에
들녘엔
나락 향기 정겹네

꽃

아름답지 않은
꽃이
있습니까
꽃을
좋아하지 않는 이
있습니까

안타깝습니다
꽃을
아름다움이 아닌
값으로 봅니다

꿀을 따는 이는
유채꽃이 좋고
농부는
벼꽃이 좋지요
사람들은
누구나
자기를 닮은
꽃을 좋아합니다

이제
텅 비운
가슴으로 보세요
이상의
눈으로 보세요
한결같이
아름답습니다.

고흥반도

찔레꽃 추억 녹아내린
가슴 시린 저 고흥반도
실안개 걷힌
황토언덕에
아직도 네 그림자 보이네

가슴 설레던 봄빛에
눈부시던 머릿결
네가 보인
뜨거운 눈물방울이
나를 불사를 불씨인 줄을

세월이 흐른 지금에야
애수로 살아나
참아 아꼈던 한마디 말
아직도
망설이는 안타까움을 심키며

바다를 휩쓰는
그리움
떠가는 구름이나 알까
다시 찾은 그곳
눈물 말고 무엇으로 남길까

관심觀心

가까이 보면
풀잎 하나가 세상을 가리고
멀리 보면
세상 밖의 세상이 보이는 시계는 마음

더 넓은 세계
더 아름다운 세상을 원하면
눈을 감아라
그리고 맑고 텅 빈 명상으로 보라

그대의 상상
그대의 욕량이 감당할
사랑과 행복 그것은 실상이 없으니
다만 마음으로 누릴 뿐

하늘은 일찍이
그 많은 욕망
육신으로 부족하여
마음으로 지라하였으니 새기면 될 일

그런 날을

당신이 있어
내 영혼은
한가한 구름 닮고

애써 구하지 않았어도
인연 닿아 허락된
꿈같은 행복

구태여
매일일 없으니
바람처럼 자유로이

나는 창공이 되고
당신은
학이 되어 나는 그런 날을……

그래도 내일은

다급한
질주의 소음 속에
아침 햇살은
회색담 골목길을 누빈다

나와는 상관없듯
취기에 휘말려
휴지조각처럼 구겨진
고뇌의 흔적들이 비틀거리고

이제 막 깨어난
도심의 거리
청청한 가로수 녹음 사이엔
바람도 지친 듯 쉰다

막바지로 치닫는
삶의 홍수들이
공허한 압박에 늘어진 어깨
그래도 내일은…….

그해 시월十月

내변산 가을이 무르익던
시월의 어느 오후
하늘과 땅이 기울여 본
작은 언덕
황금안개 서린 후
한 덩이 불씨 내려
백일을 태우던 날이었네

반도의 자락을 감싼
서해바다는
은빛 섬광을 하늘에 올리고
나는
네 메마른 강에 폭포를 쏟고
너는 내게
한 박자 느린 맥박을 보냈지

바람도
멈춰 서던 날
정지된 사색의 창으로
우리 서로 마주보던 순간
가던 해는
앳된 얼굴로 짙은 그림자
땅에 새겼었네

그믐밤

이 밤은
눈길 따라 이렇게 가고
나 홀로
눈물 마른
야윈 얼굴로
너를 보낼 수밖에 없는
약속한 시간이 도막 져 떠나간다

발자욱
뜨거운 눈물로 채우며
나는 홀로
빈 가슴 하나로
방랑하는 유랑인
너는 그냥 내 곁을 지나가고
나는 말없이 쓰러져 눕는 갈대던가

다시는
볼 수도 만날 수도 없는
금 같은 시간이었건만
나는 네가
눈 속으로 몸을 감추는 모습을
젖은 눈으로 바라볼 수밖에 없었구나

겨울비

비가 내린다
하염없이 내린다
비단 귀향길
석별의 눈물인 양
흐느끼듯 내린다
나목들 어깨 위에 가다 멈춘 계절에
국화는
아직도 샛노란 꿈속을 거닐고
때를 잊은 철쭉이 덩달아 피어났다.
멀리
우주의 문이 열려 눈소식 전해와도
새파란 반란처럼
가지마다 움 부푸는
생존의 윤회
웅크린 가로등 불빛 사이
빗금치는 빗줄기 타고
낯익은 목소리 들려올 듯
잠 못 이루는 밤
가고 보내는 아픈 징후처럼
아스라이
기적 소리 들린다.
볼을타고 흘러내리던 뜨거운 이슬이
겨울비 되어 내린다.

눈이 내린다

눈이 내린다.
하얀 눈이 내린다.
하늘과 땅 하나이던 날
내 마음속에도
하염없이 내린다.

욕망의 불길에 달구어진 영혼들
찢기고 멍 들었어도
내일을 믿으며 인내한
어머니 맘으로
어루만지는 손길처럼

하얀
그리고 포근한 세상
분분한 서설 속을
나는 그렇게
한없이 걸었다.

기다림

너에게
작은
한 알의 꽃씨를 뿌리는 동안은
흰눈을 지고선
청청한 소나무였지

눈구름 쫓던
거친 바람에 휘감겨도
정지되지 않는
봄꿈을
푸르름으로 간직하고

멀리서
우연의 바람을 밟고 옮긴 발자욱이
네 심장의 고동을 느끼며
스스로 묶여버린
숙명의 성 안에서

언제일지는
시간에 맡기더라도
모두다
주어버릴
기다림에 기댈밖에

제6부

그리움

내 어머니

잠시라도
당신 품 벗어나면
머리끝
보일 때까지
안타까이 지켜보다
눈물 훔치며 돌아서던
눈송이 같던
내 어머니

성인이 된 후
뜨거운 정성에 답할까
기대하며
가슴 조이는 나날
새벽 장독대에
정한수 마를 날 없던
부처 같던
내 어머니

어른이 된 후에는
당신 소원 덧없음 알고
못난 자식 나무라며
당신 가슴 두드리고

한 맺힌 눈물 삼키다
흰머리만 남긴
서리 같던
내 어머니

바라보다 지쳐
체념한 채로
뼈만 남은 가슴에 안겨
긴 한숨 내쉬다가
다시 못 올 먼 하늘로
구름처럼 가버린
천사 같은
내 어머니

지금도
이 못난 자식 등 뒤에서
산인지 물인지
애태우며 지켜보는 듯
한시라도 마음 곁을
비울 줄 모르는
태산 같은
내 어머니

황토에 섞여
형상은 없어도
이 가슴에 체취 식지 않고
목련처럼 피었다
학처럼 떠나버린
눈물밖에 드릴 게 없는
하늘 같은
내 어머니

뜨거운 모정

하얀 포말 되어 쏟아지던 냇물
눈에 보이고
성난 물소리
아직도 귀에 생생히 남았네

따라 죽으려고
물가에 앉아
뜨거운 눈물 삼키시던
내 어머니
지금도 떨리던 손 보이는 듯

하늘이 높고
바다가 깊다 하지만
눈물 마를 날 없어
야윈 몸과 마음에도
높고 깊은 사랑이 있었다네

사무치는 맘
이 몸속 바치는 뼈 골라내어
가이없이 뜨겁던 사랑
낱낱이 새겨
그 무덤 앞에 세운들

내 어머니 살냄새

명절이 가까워오면
내 집에서는
다듬이 소리가 유난히도 높았네
명주 천이며
바랜 광목이 재단되고
어머니 손길은
하나밖에 없는 이 자식 위해
밤새는 줄 모르시고
등잔불 앞에 앉아
섬세한 솜씨 모두 쏟으셨지
해맑은 얼굴
목화솜처럼 부드러운 눈길
그 모습 너무 좋아
어머니 가슴에 얼굴을 묻고
그 살냄새에 취해 잠이 들던
한없이 행복했던 어린 시절이
가슴 저리게 그리워지네
집밖을 나가노라면
동네어른들
내 옷소매 잡고서는
입이 마르게 칭찬하던 모습
지금도 눈에 선하네

눈물로는 감당 못하는
내 어머니의 사랑
지금도 내 가슴에 그때 그 살냄새
배어 있다네

내 스스로

창밖에는
뜨거운 뙤약볕에 녹아 뒹구는
빛바랜 소음들이
바람에 쓸려가는 비명소리뿐

거짓평화를 닮은
자위의 추상들이
제자리가 아닌 듯 훌쩍 떠나버린
사유의 빈 뜰

영혼의 진한 핏줄에 박혀
기어이
온몸을 붉게 물들인
사랑이라는 예리한 활시위에

나는 그만
조각난 영혼이나 추스려
비명소리 발자욱에 묻으며
험한 고개를 넘어야 한다

그게 비록
쓰디쓴 고난의 질곡일지라도
운명이 지워준 사랑의 무게인 탓에
이름 하나 목구멍에 삼킨 죄이거니

기암

저
홀로 구름을 딛고선 기암
무량수를 사네
풍상으로 숨쉬는 가혹한 상흔을
생의 일상인 양
인고를
난해한 무극으로 치부하는 무심

더러는
내려놓을 탐욕조차 소진한 노구의
잘린 살덩이로 보시하는 마찰음
혹여
신통한 영험을 희구하며
굽은 등 뒤를 돌아보는
이슬 같은 일념

어깨 위에
청청한 노송 대를 잇고
세상 밖 비켜서서 날선 눈으로
세태를 갈파하는 독설들
무게에 지치련만
너무 오랜 업이거니
삼켜버린 생

기억

내 마음에
너 하나만의 기억을 남기기 위해
저 먼 하늘
바람을 안고 떠나는
구름을 보고
때로는
바닷가 모래밭을 걸으며
파도에 쓸려가는
외로운
발자욱을 뒤돌아본다.
간절히
눈이 멀게 그리운
기다림
모두 다
세월에 되돌려 줄 몫이라면
너
하나의 기억
깊이 사렸다가
먼 훗날
피안의 언덕에
한 송이 꽃으로 피우리라고 믿어본다

기도

손을 내밀어 닿을 수 없는
저 드높은 곳에
홀로 눈부신 당신

더 이상
벙글지 않는 설렘으로
대지를 상춘에 물들이고

안으로 감추어
오히려 화산처럼 솟구치는
청잣빛 향기여

봄이 지났기에
또 하나의 봄이 창밖에 기다리는
가슴 부푼 오늘

하늘은 언제나
당신이 보는 곳에 있는 것처럼
오는 날들 다르지 않으리

가도 감이 아닌 세월
저도 지지 않는 태양처럼
당신에게 영원을…….

김재권 화백金在權 畵白

천개의 혼魂을 가진 이가
내게 말을 건넨다
지금도 그 자리에 서 있느냐고
침묵을 허문 한줄기 섬광이
호흡을 가로지르던 여운餘韻

낭낭한 일성一聲이 끝나기도 전에
그때의 영광이
한조각 구름인 양 피어나다
힘없이 흩어지며
공허한 빈곤에 전율을 느낀다

비좁은 서재에 어깨를 맞대며 잠든
네 권의 화첩에서
낯익은 영감이 교차하는 숨소리
묵상중인 사물들의 격동動들
나는 그 혼불에 훨훨 타고 만다

우정의 진실이
먹줄처럼 선명히 각인刻印된 시간
지금도 천의 심장에 혼을 심는
그의 손길이
창공의 완월을 향한 듯 보인다

기상氣像

갓 벗어 나뭇가지에 걸고
풀 위에 몸 높이니
하늘 닮은 영혼
한없이 자유롭다

죽림에 뜻을 묻고
감았던 눈 다시 뜨니
구름 나르던 바람 자고
백일이 눈부시네

아직도 마르지 않은 붓끝
기운 대로 길 나서니
창공에 새 날고
산천 푸르러라

장부의 기상 하늘에 두었느니
장검 들어 가른들
하늘이
나뉘던가

고향

새벽을 흔드는
기계음이 퍼진다.
누워 잠든 무쇠줄
허리를 밟으며
좁혀가는 고향길

온갖 시름
향수로 달래며
가슴 적시던 목소리들
한걸음으로 달려가
팔 벌리면 하나 되는 곳

철없던 시절
매정히 버렸어도
살구꽃 피면
마음이 먼저 가서
그리운 얼굴 부벼보고

굴뚝에 솟구치는
어머니 냄새에
세상 근심 다 잊고
솜 같은 품에 안겨
울고 싶은 내 고향

조국祖國 1

아득한 우주宇宙
점点인 듯 솟아오른
또렷한 반도半島
백로白露에 창자 적시며
한 핏줄로 이어온 반만년半萬年

신단수神檀樹 아래
너희는 하나라는 천기天機 내려
생사영욕生死榮辱 한줄기로 흐른
불이不二의 강줄기
이곳이 내 조국이네

일천번一千番 피바람 앞에서
등 뒤에 둔
새끼들 생명生命줄 아끼려고
육신肉身으로 가로막던
한 조각 붉은 마음一片丹心

영화榮華보다 길었던
피맺힌 인고忍苦의 가시밭길
다투어 앞서 걸으며
생살 난도亂刀질 당해도
하늘을 원망怨望 않던 선열先烈들

구천九天의 바다에
유혼游魂일지라도
맑은 눈으로 굽어보며
불멸不滅을 서원誓願하던
영령英靈들이시여

날마다 뜨고 지는
일월日月도 하나이듯
나고 묻힐 모국母國도 하나건만
찢고 쪼개고 잇고 기워서
만진창이의 흉터 가시지 않은 땅

쇠며 돌이며 종이며
심장心腸 속까지
쪼고 갈고 덧칠한 족적足跡들
모두 다 한恨으로 얼룩지니
하늘은 아직도 때가 남음이던가.

제각기 울분鬱憤을 머금고
위안慰安을 기다리는
대밭 같은 충혼비忠魂碑들이
명멸明滅의 난간에서
더는 떨지 않아야 하지 않는가.

조국祖國 2

이 어리석고 우매愚昧한
후예後裔들을 보소서
생사生死의 실로 꿰맴질한
장구長久한 변명辨明의 백서白書를
정사正史라 항변抗辯하며

아직도
검게 드리운 그늘에서
양지陽地를 외면外面한 채
청사靑史를 왜곡歪曲하는
무리들을 회개悔改케 하소서

먹구름 세찬바람 견디다
동강난 몸뚱이
기어이 진한 피 다시 돌고
찢긴 살덩이 치유되어
곧게 서서 걷기 원하게 하소서

창, 칼, 바람, 물, 불, 바다.
소름끼치는 악담惡談
제 가슴 겨누는 비수匕首 버리고
조국祖國에 용서容恕 비는
백의白衣의 진골眞骨이게 하소서

사나운 두팔 벌려 얼싸안고
끓는 피 하나로 섞으며
바라보는 곳 같이하면
발길 우연히 같으리니
다시 태어나라 하소서

목적目的 없는 다툼에 쓰러져
썩어가던 냄새 하늘에 오르고
흩어진 총칼 녹 냄새도 하늘에 올라
한恨묻은 분진粉塵 사라진 터에
새싹들 돋는 봄이게 하소서

사면四面의 숲 속에서
피비린내 기다리는
야수野戰들의 유혹誘惑에서 벗어나
참 우리의 본성으로
돌아오게 하소서

칠천만七千萬 언 가슴
자성自省으로 녹여
포성砲聲과 화약火藥 냄새 지우고
동서東西도 남북南北도
경계境界 없는 땅이게 하소서

조국祖國 3

동해東海 고도孤島 희망봉希望峰
그 영봉靈峰에 해 솟으면
눈부신 동방東邦의 선경 거듭나서
가슴마다 일편단심一片丹心이게
천둥天動 소리 되어 다지소서

머리에서 발끝까지
같은 간격으로 뛰는 맥박脈博 속에
같은 온도溫度의 강이 흘러
우린서로 남일 수 없는 숙명宿命
하나라 믿게 하소서

총칼 부수어 보습 만들고
화기和氣 내어 동토凍土 녹이면
시화연풍時和年豊 국태민안國泰民安
상춘화락常春華樂이 아닌가
시들지 않는 언덕이게 하소서

백두白頭에서 한라漢拏까지
금수錦繡로 단장丹粧하는 계절季節
깊은 강 맑게 흘러 옥토沃土 적시고
오곡五穀 풍성豊盛한 터전
은혜恩惠라 여기게 하소서

귓전에 넘치던 쇳소리들 녹이면,
격양擊壤가 소리 높고
쇠사슬 거두고 넓은 길 닦으면
오고갈 곳 따로 없으련만
그날이 내일이게 하소서

동서東西와 남북南北은
방향方向의 이름일 뿐
경계境界 없는 한마당
긴팔 서로 엉켜 뜨거운 눈물 섞으며
덩실덩실 춤을 추게 하소서

훈풍薰風이 만년설萬年雪 녹이고
화기和氣가 만년한萬年恨 녹이면
이 반도半島의 눈부신 섬광閃光이
세상世上에 빛이 되리니
그렇게 되게 서원하노니

한없는 우주無限宇宙
넓고 큰 대지大地
우리는 그 무슨 인연因緣으로
이 땅에 태어나니
어머니라 섬기게 하소서

다시 태어나도 이 땅에 태어나
대대代代로 뼈 묻으며 살리니
모두 다 버려도 그럴 수는 없는 것
내 이곳이 내 땅임이 자랑스러워
아침마다 입 맞추게 하소서

아!
피보다 진한 이 마음으로
사랑하게 하소서
내 사랑하는
아니 우리가 사랑하는 조국祖國이여!!

이 땅에 생겨난 생명生命들
모두 일어나 춤추며
하늘을 우러러 환호歡呼하며
쉼 없는 행복幸福에 취醉하여
고난苦難을 잊게 하소서

같이 일하며 같이 먹으며 같이 사는
덕업德業 면면綿綿이 이어져
대대손손代代孫孫 번성繁盛케 하고
다툼 없는 평화平和가 충만充滿한
봄이 머무는 곳이게 서원誓願하네

공허

새벽바람 몰고 오는 기적 소리에
된짐이 지민치 물리나면시
하얀 여백을 놓고 간다
조금 전까지만 해도
머릿속을 난도질하던 소요들이
공허에 놀랐는지
안개처럼 흩어져버리고

도망치듯 멀어져가는 조각들을
시급히 불러 모아
텅 빈 틈새를 메우려 하지만
생각이 생각에 추방당했는지
돌아올 기미조차 보이지 않아
숨을 고르듯
처음 생각을 더듬어 뒤로 걷는다

어느덧
헐벗은 창살에 여명이 감기며
어렵게 수습 중인 것들이
하나 둘 떠나고
다시
메마른 도심을 빗질하는
소음 속을 질주할 시간뿐인 걸

일분 명상一分 冥想

백년대계百年大計

요즘 세인의 관심은 정치현실에 앞서 초중고교생들의 살인을 부르는 폭력사태에 있다.

우리는 교육을 백년대계라 하지 않던가.

부모가 자식을 가르침에 있어 단정한 몸가짐과 정직한 심성의 바탕에 지예를 익혀 일생이 부귀하되 덕을 심어 세상에 보답하는 영예를 누리게 함이고 국가가 국민의 교육에 투자하는 것은 양질의 교육수준이 국가부강의 근본이 되기 때문이다.

만일 부모가 자식의 부귀만을 원하거나 국가가 성적만을 택한다면 우리의 미래는 어둡게 된다.

나무는 십 년 앞을 보고 심지만 사람은 백 년 앞을 보고 가르친다 하였으니 이는 곧 백년대계 아닌가. 안으로 어진 부모가 없고 밖으로 엄한 스승과 어른이 없이 성공하는 이 드물다 하였으니 먼저는 부모며 다음은 스승이며 국가가 아니던가. 그 나라의 미래를 보려면 청소년을 보라 하였으니 우리 모두 깊이 통찰할 일이다.

충효사상 전수교실 최병륜

임진원단壬辰元旦에

동녘 하늘
홀연히 서기 어리며
여명의 빛 열리고
동해의 검은 물결 박차고
임진 흑룡의 해
원단의 태양 장엄히 솟는다
눈부신 광운 휘감은 진룡이 승천한다

하늘이 나툰 금수삼천리 보석 같은 반도
격랑의 시련 아직도 남아
잘린 허리 상흔 깊어 신음소리 높아도
철따라 초목 무성하고 강 멈춤 없어
비단 풍광 눈부심은
백의의 정기 서림이니
그 앞날 억겁이어라

우리다 머리 들어 하늘을 보자
넝 비어 높고 밝아 눈이 부시지 않은가
다시 돌아갈 부모 같은 이 땅에
욕심도 다툼도 남기지 말자
가슴 열고 팔 벌려 서로 안으며
꽃비 내리는 상춘의 터 만들어
물려줌이 옳을지니

아- 임진원단 머리에 섬이여!

이 아침에(2009. 1. 1.)

동천東天이 열린다
우주宇宙의 끝자락이 토해낸
붉은 쇳덩이가
네 가슴을 휘저어
풍진風塵을 소각燒却하는 날

너는
이 한바탕 개벽開闢의 칼날 위에서
생사生死로도 고쳐 못하는
견성見性으로 돌아가
네 작은 성城에 밑돌을 놓거라

하늘이 네게 준
생명生命의 길이는
땀으로 재면 백년百年일 게고
혼魂으로 재면 영원永遠일 터니
모두 다 너로 말미암음이여

일월日月이 횃불 되어
길을 밝힘이여
천지天地가 무주공산無主空山으로
네 앞에 가로놓임이여

핏기 솟구침이여

사랑도 공명功名도
한길로 서서
이 새벽
네 포효일성砲一聲에
용솟음침이여

가고 못 올 한 장章의 생生을
백지白紙로 태우기엔
아깝지 않은가
세상世上을 삼키거라
질식窒息할 때까지

원단元旦의 끈을 몸에 매거라
쓰러질 때까지 가거라
미명微明이
네 의도意圖대로
피어날 때까지

아- 이 아침에

이 아침에(2013. 1. 1.)

우리 모두
눈부신 태양을 갈구하자
저
휘황한 빛으로
뜨거운 열기로
낮게 엎드린 쑥부쟁이에서
끓는 가슴 주체 못하는
상기된 얼굴 얼굴들까지
거친 가시덤불 불태워
새파란 새싹들 숨소리 들리는 날
우리는 환희하리라
쇠 부딪치는 소리
공기 가르는 소리
절규와 외침소리
골수에 새겨온 반만년 돌아보며
한없이 푸른 하늘
쉼없이 밝는 날들
다
우리의 가슴에 쓸어 담자
눈부신 태양이 있는 날까지
아 - 이 아침에

어머니의 기도(2015. 8. 15.)

손끝이 허전해서 눈을 떴을 때는 어머니는 당신 가슴에 묻고 잠든 어린 자식의 웹 손을 조심스럽게 내려 놓으시고 동이 틀세라 장독 위에 청수사발을 받쳐놓고 두 손을 공손히 모은 채로 연신 허리를 굽히며 기도를 하시는 일이 일상이 된 지 오래셨다 내가 자라면서 내 어머니는 다른 어머니들보다 이 한 가지 일을 더 하시는 것으로만 여겨왔다 이처럼 일구월심하는 어머니의 기도에는 어떤 특별한 사연이 숨어 있을까 철모르는 나는 마음 놓고 잠이 드는 어머니의 포근한 젖가슴을 빼앗긴다는 생각에 어머니의 기도하는 모습을 지켜보게 된다. 어느날 새벽 유리조각이 붙어 있는 문에 기대어 장독대를 바라보는 순간 내 어머니의 또 다른 모습에 놀라움을 금치 못했다. 기도가 시작 되기 전 키가 작은 단지 속에서 우리나라 국기를 꺼내어 보신 후 서둘러서 다시 둔 후에 아무일도 없었다는 듯이 찬 공기를 견디며 기도를 마치고 방으로 들어오신다 그때는 내가 여섯 살 해방 되기 전전해였다 내 어머니는 남이 부러워하는 미모와 신중한 언행 음식과 바느질 솜씨가 뛰어나셔서 동네의 대소사에서는 늘 과방주인이 되셨다 어느 때 나를 데리고 출타를 하실 때는 내가 쓰는 수저까지 챙기실 정도로 철저하셨다 현모양처의 기본을 갖추신 법도 있고 얌전하셨던 어머니에게 그런 놀라운 면이 있었던 것을 본 후부터는 내 어머니는 높고 거룩한 분으로 내 어머니만은 아닌 것 같아 경외하는 마음이 들기도 하였다 그때 그 시절에는 일본이 전쟁물자를 채우기 위해 곡식의 공출량을 늘려 잡아 기아 직전 초근목피로 연명하는 사정을 알면서도 숨겨놓은 곡식을 찾기 위해 쇠창을 가지고 부엌 땅속이며 심지어는 방고래까지 뒤져댔다 뿐만 아니라 쇠붙이로 된 살림 도구는 남김없이 몰수하고 징용이다 노무자다 젊은이들이 중발하여 병신자식 효자란 낱말이 생기고 반반한 여자들 정신대로 끌려가는 이른바 악랄한 수탈이 계속되었다. 이와 같이 감시와 수탈이 최고조에 달해 민심이 피폐하고 사람들은 오직 살아남기에 전전긍긍하는 사회분위기 속에서도 어머니의 기도는 중단되지 않았다 내 어머니는 전주이씨 효령대군의 후손으로 세도가문의 후예지만 치욕의 한일 합방으로 이조 왕국이 몰락한 후 빈곤이 극에 달한 집안의 규수였다 어머니 증조 부께서는 정월에 지체 낮은 상인들이 세배를 했던 자리의 마루폭을 세 개나 갈아 끼웠다는 일화에서 왕조양반사회 세도가들의 부끄러운 면목이 엿보이는 일이다 옛말에 권불십년이요, 부불삼대라 어떤 영화도 오래지 않다는 진리의 말이다 내 어머니도 안타깝지만 비록 왕족의 후예라 자부하지만 세상이 변하여 가세가 기울면 맞이하게 되는 것은 고독과 빈곤이고 남는 것은 보장되지 않는 이상이고 자존 뿐이다 어머니는 과년한 빈가의 규수로 신분이 바뀌어 지체도 낮고 나이도 많은 전주최씨 문충공 후손인 나의 아버지와 혼인하여 천신 만고 끝에 자식 하나 얻었지만 세상이 변하지 않았으면 부귀영화를 누렸을 거라는 강한 향수가 어머니를 소속도 직분도 없는 애국열에 불타게 했던 것이다 초야에 묻혀 이름없는 촌부의 아내로 살면서 당신의 정신 속에 자리한 불우한 운명의 원망스러움과 빼앗겼다 여기는 명리의 아쉬움에 짜디짠 눈물도 많이 삼켰으리 그러던 당신 에게 해방이라는 놀라운 결과는 다가왔지만 기절할 정도의 감격 속에는 또 하나의 찾지 못한 염원 때문에 쉼 없이 교차하는 번민으로 나날을 보내셨으리라 당신의 염원을 모두 성취하기 위해서는 천지 신명의 한없는 가피와 오랜 세월이 필요하지만 모든 만물은 유한하고 하늘은 사람에게 후함과 박함이 없다더니 내 어머니는 한의 덩어리를 되지시고 이 세상에서 팔십삼세를 일기로 별세하셨다 나에게 팔월십오일은 남달리 감회가 깊다 그렇게 높고 깊은 마음으로 본래의 당신을 염원하시던 어머니 내가 만일 다시 태어날 수만 있다면 다시 어머니의 자식이 되어 어머니의 마음을 알고 가슴이 훤하도록 한을 삭여 드릴 것을 나는 오늘 내 어머니를 대신하여 태극기를 게양합니다.

을미년 원단乙未年 元旦

을미년 새아침
하늘 맑게 열리며
동해를 박차고 솟구친 서광이
소음에 지친 온 누리를
뜨겁게 감싸안는다
넓고 큰 대지 위에
점인 듯 솟아 난 부모 같은 땅
태초에 닮은 핏빛들이
수수천년 이어온 강 같은 역사
어느샌가
탐욕과 쟁탈의 탁류에 젖어
빛에 바래고 그늘에 찌든 채
엇갈리는 시선 마주치는 갈등
뿌리 없는 증오에 빼앗긴 평화
아~ 회한의 잔혹사여
살냄새 하나같은 형제들이여
생각을 바꾸자
세상이 우리를 넘보지 않는가
괴롭고 힘들어도 갈 길은 하나
대대로 뼈 묻을 은혜로운 땅에
보은의 씨앗 뿌리며
우리는 하나라 다짐하자
이 낯선 아침을
화해와 번영의 원년이라 하자

아~ 병신년

우주를 휩쓴 바람이
동해의 침묵을 깨우고
여명을 박찬 천년의 빛이
장한몽에 지친 반도의 혼을 밝혀
지하에 숨을 멈춘 용기의 싹을 틔운다
유구한 세월 질곡의 악몽
탐욕에 물든 허장성세
저 눈부신 쇳물에 녹여
대망의 서곡으로 강산에 높이며
병신년 장엄한 새아침을 열자
이 땅이 낳은 동포여 형제여
하늘에 각인된 빛나는 역사와
살신성인의 숭고한 전통 받들어
주야를 밝히는 일월이 하나이듯
뜨거운 핏줄기 하나로 잇고
애증의 불씨 화해로 불태워
우리는 하나라 하늘에 외치자
대대로 뼈 묻을 부모 같은 땅
같은 공기 마시며 마주보는 얼굴들
갈 길도 하나 생각도 하나
이 엄숙한 숙명 앞에 나는 누구인가
피 끓는 가슴으로
좌절과 절망을 희망의 신념으로
개벽의 역사 밑돌을 놓자

아 - 계사년

아득한 우주 보석처럼 돋아난 땅
눈이 부시게 짙푸른 강산은
어머니 품속처럼 은혜로운 터
애써 구하지 않아도
맑은 물 신선한 공기 넘치고
눈 뜨고 손 내밀면
살아갈 양식이며
마음 따뜻이 덥히면
모두가 우리이고 사랑인 것을
누가 높고 누가 낮으며
누가 기쁘고 누가 슬픈가
만족이라는 허영
행복이라는 사치
높낮이를 재는 자만
크고 작음을 고르는 탐욕
천륜을 버리는 패륜
비우고 덜 줄 모르는 오만
아 격랑의 계사년이여
이 악몽들 거두어 허공에 불사르고
식어버린 마음 찢겨버린 시선
방황하는 영혼들
하나 되라 이르련만
아 -잘 가게나 고난의 계사년이여

신묘년 세모

그렇게 가고 마는 걸
나는
너를 잡을 수 없다는 걸 알기에
밤도 낮도
도막내어 새웠지

구름처럼
계절 따라 피고 짐도
숨가쁜 윤회 속에
끌려가듯 세모의 언저리에
말없이 지고

애환도
영화처럼 부풀려 화두에 담던
궁색한 자위의 기억들을
불타는 낙조에 사르며
독백에 기내 선 세모

제야의 범종소리에
산천도 숨죽이고
마디마다 매달린 한 해의 고뇌도
기우는 새벽달 강물에 실리듯
그렇게 보냈네

귀향獻詩 제1부

긴 세월
애증으로 얼룩진 산하여
너희는
내 역사와 혼을 불사르고
그 많은 살덩이와 피를 삼켰건만
왜 하필 내 땅처럼
시차도 없이 가을이냐

지금도 내 피붙이들은 망향의 고혼으로 남아
통곡에 지친 증오를 안고 이 공기에 섞여
한 세기나 되는 세월의 질곡을 헤매고 있구나

오늘
무심코 이 땅을 밟은 부끄러운 내 가슴팍에
피 묻은 손으로 허공을 젓는
낯익은 형상들이 안긴다.
영영들이여
피 맺힌 울분 넘치거든
차라리 이 가슴도 갈기갈기 찢거라

말없는 저 강은 핏자국 씻어내고
저 거친 산야는 흩어진 뼈마디 감췄건만

내 어미의 피 맺힌 절규를 모르는 듯
그저 그렇게 침묵하고 있구나

세월로 가려진 죄는 죄가 아니라며
등 뒤에 숨긴 네 궤변은
천추 흘러도 하늘은 기억한다

너희는 보느냐
현해탄 건너 봄이 머문 땅을
허리는 동강나도 영원한 하나
바로 그곳의 광명이 너희 눈을 멀게 하여
생명과 정조와 민족혼을 노략질 한 업보가
차라리 죽음보다 잔인한 회한을 보게 하리라

살이 찢기고 피를 쏟아낸 내 아비여
가슴 찢기고 치부까지 도둑맞은 내 어미여
무명옷 찢어 핏구멍 막던 치 떨리던
증오의 통곡 잊고
큰 용서르 안식하소서

2005년 10월 8일 일본 동경에서

귀향獻詩 제2부

여기
당신들의 한 서린 발자국 더듬으며
조각되어 흩어진 기억들을 줍는
한 무리의 후예들을 보소서
지금은 원한의 흙에 섞여 숨죽여 있지만
이제는
몸과 맘 짓누르던 통한의 짐 벗고
주름진 얼굴에 뜨거운 이슬 맺혔던
어머니 품속 대신 포근한 땅
바로 당신들이 생겨난 곳에 귀향하소서

그리고
그 쓰디쓴 운명일랑
남은 이들의 위안으로 삭이소서
이 땅이 낳은 생명들은 들어라
앞서간 이들이 이성을 잃고
뺏고 죽여서 소리를 짓누른 것은
정복이 아니라 패배라는 사실을

인류는 결코 생존을 포기하지 않으며
정의는 불의를 용서하지 않는다
손에 쥔 한 줌 흙이 바람 앞에 먼지이듯
너희가 그 죄를 잊으면 후지산은 다르랴

이제 그만
그 똥보다 더 더러운 탐욕과 자만 버리고
머리 조아리고 몸뚱이 낮추거라
우리는 늘 너희를 용서해왔다
우리는 태어난 지 반만년
천 번의 창칼 바람 스쳤어도
정의로 핏줄기 이어왔다
저 반도에 부는 봄의 훈풍이 부럽거든
떳떳한 얼굴로 바로 보게 크게 뉘우치거라

열매도 맺기 전에 저버린 꽃들이여
불덩이처럼 뜨거운 분노를 삼킨 영령들이여
피 묻은 육신일랑 역사에 묻고
이슬처럼 맑은 혼 거두어
당신들을 기다리던 어머니 땅에 귀향하소서

2005년 10월 8일 일본 동경에서

갑오년 새아침

갑오년 새아침
장엄한 개벽의 광명이
격랑에 지친 반도의 심장에
뜨거운 선혈을 퍼붓는다.

준엄한 역사 앞에 옷깃 여미며
총칼 녹여 보섭 만들고
사랑과 용서로 하나 되어
격양가 높던 태평성대 잊었던가

소리는 달라도 갈 길은 하나
갈등과 증오에 피 마르고
악구망어에 멍든 상처 도려내
저 이글거리는 불덩이에 태우자

아득한 예부터 영원한 훗날까지
이 땅에 생겨난 생명들
닮은 모습 대이어 살아갈 탯줄
부모같이 섬기며

중천에서 비치는 혼불로
빛과 그늘 허물어
새파란 씨앗 가슴에 뿌리며
감격의 아침 소리 높여 맞자

아 - 청마의 기상으로
우주를 안아보자

광복 칠십 년

광복! 사무치게 절실했던 그 말. 앞서 간 선열들은 자신의 명리보다 빼앗긴 조국을 되찾는 광복이 우선이라는 신념으로 치 떨리는 고난과 죽음을 감수하며 얻어낸 혈투의 정수 광복이다. 그 역사 어언 칠십 년. 현재를 살아가는 우리들은 그 영혼들의 살 냄새 배인 위대한 유산을 내 몸처럼 사랑하며 가꾸어가고 있는가? 부모같은 조국을 지켜내지 못했던 죄업이 완소되지 않았음일까? 되찾은 조국은 두동강이로 나뉘어서 기약 없는 치유의 고통 속에서 통일이라는 또 하나의 광복을 피맺히게 고대하고 있다. 불행하게도 통일을 구실삼아 동족이 상잔하는 비극을 자행하고도 존엄한 조국과 역사 앞에 개과천선할 줄 모르는 한 무리의 세력이 잔재하는 안타까운 현실. 우리는 다행히 상해임시정부에서 채택한 건국이념을 계승하여 자유민주주의를 국기로 국토의 골수에서 역사와 민족의 혼과 정조까지 강탈당했던 폐허와 절망 속에서 하면 된다는 신념으로 무에서 유를 일구어내는 민족의 저력으로 최빈국의 오명을 세계 속의 한국, 십대경제 대국으로 승화시키는 금자탑을 세웠다. 우리는 세계의 부러움으로 조명 받는 자유와 풍요를 반만년 유구한 역사 속에서 천 번에 가까운 외세 침략과 수많은 내환 속에서도 살신성인하는 민족정신을 계승해 온 고난의 열매로 귀히 여기며 멈추지 않는 애국애족의 열정과 간단없는 창조와 협동정신을 발휘하여 다시는 이 땅에 영화말고는 어떠한 기록도 허용해서는 안 되며 아직도 겉으로는 태연하면서 속박의 사슬을 면치 못한 동족들 지상낙원이라 거짓 항변하면서도 역사와 현실을 왜곡하며 불안을 자초하는 집단이 우리의 일체감과 세계사적 우위를 점유함으로써 진정 하나의 조국 하나의 민족으로 통일화될 때까지 우리에게는 한없는 발전정신과 인내를 요구받는 사명이 지어졌다는 사실을 겸허히 수용하며 광복 칠십 년 그 진정한 역사의 가치를 되새기며 삼가는 마음으로 태극기를 게양해야 할 것입니다. 청량한 가을하늘에 펄럭이는 태극기 앞에 내게 온 자유와 행복이 어디서 왔는가를 가슴에 손을 얹고 성찰해야 할 것입니다.

2015년 8월 15일 아침에

香谷 詩選集

愚步慢行

인쇄일 _ 2021년 8월 27일
발행일 _ 2021년 8월 30일

저자 _ 최병륜

발행인 _ 서정환
발행처 _ 신아출판사
주소 _ 전북 전주시 완산구 공북1길 16(태평동 251-30)
전화 _ (063) 275-4000
팩스 _ (063) 274-3131
이메일 _ sina321@hanmail.net
출판등록 _ 제465-1984-00004호
제작 · 인쇄 _ 신아문예사

ISBN 979-11-5605-946-2 03810

값 15,000원